# FASCISMO

## UNA GUÍA ILUSTRADA

Stuart Hood
Litza Jansz

# FASCISMO
## UNA GUÍA ILUSTRADA

Traducción de Lucas Álvarez Canga

tecnos

Título original: *Introducing Fascism: A Graphic Guide*

© Esta edición ha sido publicada en el Reino Unido y USA en 2013 por Icon Books Ltd. (previamente publicada en 1994 con el título *Fascism for Beginners*, y por segunda vez en 2000, con el título *Introducing Fascism and Nazism*).

Diseño de cubierta:
Carlos Lasarte


C/ Valentín Beato, 21 - 28037 Madrid

PAPEL DE FIBRA CERTIFICADA

ISBN: 978-84-309-8915-7
Depósito Legal: M-19668-2023

*Printed in Spain*

# Índice

## ¿Se ha superado el fascismo?

¡Por supuesto que se ha extinguido! Acabamos con él en 1945.
No por completo. La dictadura española del General Franco duró hasta 1975.
¿Superado? Eso no es lo que veo en las calles.

Mucha gente creyó que el fascismo dejó de tener cualquier tipo de importancia política real tras 1945. Sin embargo, hacia finales del siglo XX, los partidos fascistas estaban emergiendo, eran activos y crecían. ¿Podemos estar seguros de que en el siglo XXI el fascismo será realmente una cosa del pasado?

«Fascista» se ha convertido en una palabra multiusos. A menudo la usamos para describir a gente y cosas que no nos gustan. Se aplica de forma indiscriminada a las figuras de autoridad, modelos de comportamiento, formas de pensamiento y tipos de arquitectura.

Lo que tienen en común los «fascistas» es que todos son enemigos del pensamiento y actitudes liberales o de izquierdas. Pueden considerarse como amenazantes, agresivos, represivos, conservadores con estrechez de miras y ciegamente patrióticos.

Pero este uso de la palabra a modo de cajón de sastre plantea cuestiones obvias. ¿Todos los que se pueden definir en estos términos son realmente «fascistas»? ¿Son necesariamente «fascistas» todos los partidos o grupos de derechas, todos los gobiernos conservadores de derechas?

## ¿Qué es el fascismo?

Italia fue el primer país que tuvo un partido que se llamó a sí mismo fascista. La palabra italiana ***fascio*** (pronunciada «fasho») significa un grupo o haz: por ejemplo, de leña. Fue utilizado por primera vez en la década de 1890 por los trabajadores de las famosas minas de sulfuro sicilianas.

FASCIO: ALGO DIFÍCIL DE ROMPER SI SE MANTIENE UNIDO.
EN OTRAS PALABRAS, UNA UNIÓN.
NOS APROPIAMOS DE UN TÉRMINO QUE ERA DE LA IZQUIERDA: ¡COMO DE TANTAS OTRAS COSAS!

En Italia, tras la Primera Guerra Mundial, los grupos nacionalistas que conformaban ***fasci di combattimento*** (escuadrones de combate) se apropiaron del nombre. Se unieron en 1922 para fundar el primer partido fascista.

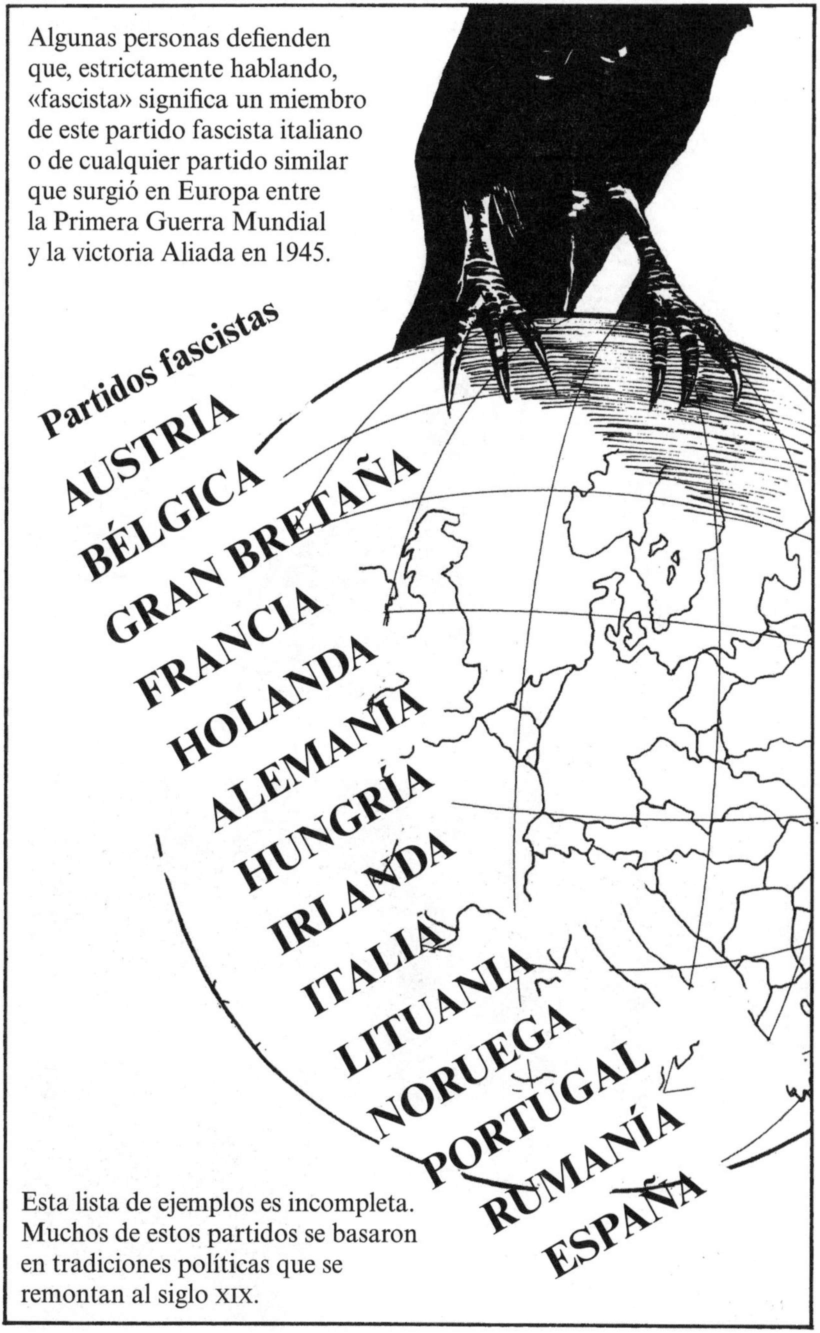
Algunas personas defienden que, estrictamente hablando, «fascista» significa un miembro de este partido fascista italiano o de cualquier partido similar que surgió en Europa entre la Primera Guerra Mundial y la victoria Aliada en 1945.
Partidos fascistas
AUSTRIA
BÉLGICA
GRAN BRETAÑA
FRANCIA
HOLANDA
ALEMANIA
HUNGRÍA
IRLANDA
ITALIA
LITUANIA
NORUEGA
PORTUGAL
RUMANÍA
ESPAÑA
Esta lista de ejemplos es incompleta. Muchos de estos partidos se basaron en tradiciones políticas que se remontan al siglo XIX.

## Ultraconservadurismo

Las tradiciones intelectuales que se encuentran detrás del fascismo son **ultraconservadoras**.

NUESTRO IDEAL ES ALCANZAR EL SUPERHOMBRE MEDIANTE EXPERIMENTOS COLECTIVOS DE DISCIPLINA Y REPRODUCCIÓN.
NUESTRA META ES EL LIBRE JUEGO DE LAS FUERZAS DEL MERCADO SIN INTERVENCIÓN DEL ESTADO.
LA MINORÍA ORGANIZADA SIEMPRE TRIUNFARÁ SOBRE LA MAYORÍA DESORGANIZADA.
Filósofo alemán Friedrich Nietzsche (1844-1900)
Vilfredo Pareto (1848-1923)
Conde Gaetano Mosca (1858-1941)

Los sociólogos italianos Mosca y Pareto eran, en cierto sentido, representantes de la antigua economía del ***laissez-faire***, pero también creían que la democracia era un sueño y subrayaban la superioridad de las **élites** en la sociedad.

Además de ser antidemocráticos, los pensadores ultraconservadores se oponían violentamente al socialismo que se estaba desarrollando de forma creciente en los años 1880. El socialismo tenía sus raíces en el movimiento intelectual del siglo XVIII de la Ilustración y de la Revolución Francesa.

¡RECHAZAMOS EL ANÁLISIS QUE HACE EL SOCIALISMO DE LA NATURALEZA DE CLASES DE LA SOCIEDAD!

Los remedios a las injusticias y la opresión del socialismo, su oposición a la guerra y a su internacionalismo, fueron condenados como materialistas, antipatrióticos y débiles.

## Los ultraconservadores y el racismo

Los ultraconservadores adoptaron las nociones de ideólogos como el conde francés Joseph Gobineau (1816-1882), en su ***Ensayo sobre la desigualdad de las razas humanas*** (1853).
LAS RAZAS QUE MANTIENEN SU PUREZA SON SUPERIORES A LAS DEMÁS. LA MEJOR DE TODAS ES LA RAZA ARIA.
PRIMERO ACUÑÉ EL TÉRMINO ANTISEMITISMO Y HABLÉ DEL CONFLICTO RACIAL. ¡LA ASIMILACIÓN JUDÍA DEBE RECHAZARSE POR PELIGROSA!
Houston Stewart Chamberlain (1885-1927), el yerno de Wagner, un inglés, pero naturalizado alemán, fue uno de los principales teóricos de la superioridad racial alemana y de la inferioridad judía.
En 1873, Wilhelm Marr publicó ***La victoria del judaísmo frente al germanismo.***
¡POR SUPUESTO, LOS ALEMANES PERTENECEMOS A LA RAZA ARIA PURA!

La mujer de Wagner, Cosima Liszt.
EN NUESTRA VISITA A NÚREMBERG EN JULIO DE 1877, NOS MOLESTÓ LA INSOLENTE OSTENTACIÓN DE LA SINAGOGA EN LA PLAZA HANS SACHS.
MI META ES PRESERVAR EL ARTE SAGRADO ALEMÁN DEL FALSO PODER EXTRANJERO: ¡LOS JUDÍOS!
El compositor Richard Wagner (1813-1883) fue un seguidor de Gobineau y ferozmente antisemita.
Y YO DESARROLLÉ MI RELIGIÓN BASÁNDOME EN LAS ÓPERAS DE WAGNER!

En Francia, los ultraconservadores eran extremadamente patrióticos, antirrepublicanos y nostálgicos de las glorias pasadas. Un ejemplo fue Charles Maurras (1868-1952), el católico, monárquico y antisemita que odiaba a los francmasones, a los protestantes y a los extranjeros residentes en Francia.

¡La democracia es anarquía! Es femenina, débil, malvada.
Estoy de acuerdo. Esta república está dominada por los judíos. Pero debemos hacer algo más que escribir sobre ello. ¡Debemos sacar a la gente a la calle!
Nietzsche
France Juive

Edouard Drumont (1844-1917), escritor de un famoso libro racista, ***Francia judía (la France Juive)***, publicado en 1886. También editó un periódico antisemita popular, ***La Libre Parole*** (*La palabra libre*).

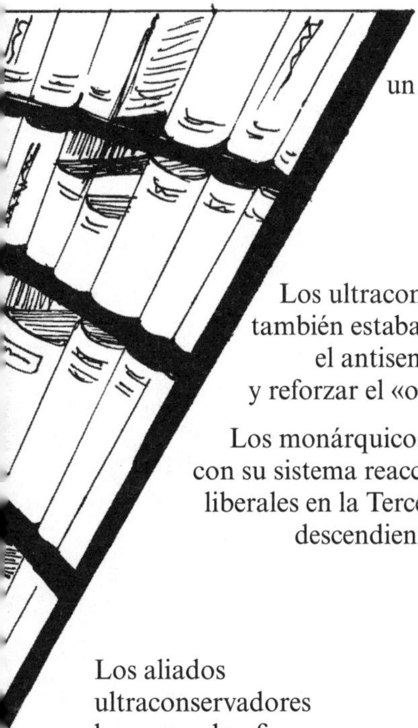

Wagner y otros intelectuales en Alemania habían puesto de moda un nacionalismo antisemítico y respetable, al menos al nivel de la «alta cultura». Pero ¿cómo podría ocupar el ultraconservadurismo el nivel popular y capturar la imaginación de la nación al completo?

Los ultraconservadores como Maurras y Drumont también estaban buscando una excusa para transferir el antisemitismo del nivel académico a las calles y reforzar el «orden tradicional cristiano» de Francia.

Los monárquicos nostálgicos, los católicos y el ejército, con su sistema reaccionario de castas, se aliaron contra los liberales en la Tercera República, la tercera generación de descendientes de la Revolución Francesa de 1789.

Los aliados ultraconservadores buscaron desafiar y socavar el legado de la Ilustración y del republicanismo que consagraba los ideales radicales de Libertad, Igualdad y Fraternidad y con ello reestablecer la autoridad tradicional.

La oportunidad surgió en Francia en 1894.

## El caso Dreyfus

En 1894, el capitán Alfred Dreyfus, el único miembro judío de la plana mayor del ejército, fue acusado de espiar para Alemania.
TE SENTENCIAMOS A PRISIÓN DE POR VIDA EN LA ISLA DEL DIABLO.
¡LA EVIDENCIA USADA CONTRA MÍ ES FRAUDULENTA!
INOCENTE
CULPABLE
Durante 12 años, Francia fue el escenario de un violento conflicto entre pro y anti *dreyfusards* que se convirtieron en el centro de la atención mundial.
INCLUSO DESPUÉS DE QUE FUERA ABSUELTO EN UN NUEVO JUICIO EN 1899, LA LUCHA CONTINUÓ HASTA QUE MI NOMBRE SE LIMPIÓ FINALMENTE EN 1906.

En 1897, el novelista Émile Zola (1840-1902) escribió su internacionalmente famoso ***J'Accuse*** (*Yo acuso*), a favor de una reapertura del caso.

FUI JUZGADO POR CALUMNIA, CONDENADO Y HUI A INGLATERRA.

FUI ELEGIDO PARA LA CÁMARA DE LOS DIPUTADOS EN 1898 E HICE CAMPAÑA CONTRA DREYFUS.

Para los ultraconservadores, Dreyfus *el Judío* representaba todo lo liberal y extraño que conspiraba para «descristianizar» la sociedad.

ME CONVERTÍ EN UN ARQUETIPO, EN UN CHIVO EXPIATORIO: ¡DEJÉ DE SER HUMANO!

El caso Dreyfus dividió a la opinión pública (en Francia, pero también en todos los demás lugares) a lo largo de líneas que determinaron las actitudes políticas hasta el período de la colaboración francesa con Hitler en la Segunda Guerra Mundial. Situó a liberales y socialistas en contra del derecho racista y en defensa de la República. A pesar de que el caso finalizó con la derrota de un antisemitismo francés oficial organizado, dejó profundas heridas, una amargura duradera y el odio a los judíos.

Fue el ensayo general para el hitlerismo.

## Otro fraude

Se usó la falsificación para condenar a **un** individuo judío por «conspiración»: Dreyfus. En 1903 surgió otro fraude mucho más peligroso para condenar a **todos** los judíos por una «conspiración a escala mundial». Se trata de ***Los protocolos de los sabios de Sion***, confeccionado por agentes rusos de la policía secreta zarista que trabajaban en París durante el caso Dreyfus.

FALSIFICAMOS LAS PRUEBAS DE UNA CONSPIRACIÓN MUNDIAL JUDÍA PLANEADA EN LAS REUNIONES SECRETAS DEL PRIMER CONGRESO SIONISTA EN 1897.
A pesar de los repetidos desenmascaramientos del fraude, **Los protocolos** se hicieron pasar por genuinos y se reeditaron a menudo.
PUBLIQUÉ LOS PROTOCOLOS EN MI PERIÓDICO, EL *DEARBORN INDEPENDENT*.
Dearborn
Ford
Henry Ford (1863-1947), fabricante de coches y admirador de Hitler.

### … y los pogromos

Esta campaña de propaganda antisemítica se sumó a los **pogromos** generalizados durante finales del siglo XIX y principios del XX en la región con la mayor población judía en el imperio zarista. Se conocía como la Zona de asentamiento y allí se agruparon en masa a los judíos de Rusia.

En 1905, la **Unión del Pueblo Ruso**, una organización de derechas, comenzó a hablar de la necesidad de la exterminación física de los judíos.

**El escenario está preparado para la Primera Guerra Mundial**

El antisemitismo, la xenofobia y el nacionalismo ferviente estaban en vigor antes de que se declarara la Primera Guerra Mundial el 1 de agosto de 1914.

Una extraña histeria masiva y febril se apoderó del «mundo civilizado» con el estallido de la guerra.

En 1914, en Europa ya existía un clima de opinión que favorecería el auge del fascismo de posguerra.

## El caldo de cultivo del fascismo

Las condiciones económicas de posguerra eran terriblemente malas en Alemania, Italia y en todas partes. El desempleo y la inflación golpearon con fuerza a las clases medias profesionales y a los pensionistas con sueldos fijos. Muchos antiguos soldados se sintieron defraudados por los políticos civiles.

En la sociedad en general había masas descontentas: desempleadas, indeseadas y excluidas del juego parlamentario. Estaban listas para ser reclutadas por partidos que ofrecieran una alternativa (mediante la violencia si fuera necesario) para corromper a la democracia.

ESTO ES ASQUEROSO! ¡LA VIOLENCIA ES LA ÚNICA FORMA MEDIANTE LA QUE CONSEGUIREMOS ALGO AHORA!
El fascismo como fenómeno político de masas fue la respuesta de las clases altas y medias frente a una serie de amenazas: la recesión, los disturbios masivos, la Revolución Rusa, la clase trabajadora organizada y sus partidos de izquierdas.

## El modelo italiano

Italia estaba en una crisis económica y política a comienzos de los años 1920. Las esperanzas de que los sacrificios de la guerra fueran recompensados por reformas sociales se vieron frustradas. Los trabajadores industriales y los campesinos se alzaron en huelgas y manifestaciones generalizadas contra las condiciones de vida.

OCUPAMOS LAS FÁBRICAS EN 1920-1922.
LOS FAMOSOS «DOS AÑOS ROJOS»: IL BIENNIO ROSSO.
¡LOS SINDICATOS Y EL PARTIDO SOCIALISTA ERAN FUERTES Y MILITANTES!
¡PARECÍA UNA SITUACIÓN PRERREVOLUCIONARIA!
Antonio Gramsci

Los militares en la reserva y los antiguos funcionarios italianos de clase media estaban furiosos dado que, a pesar de que el país había luchado en el bando ganador, no había obtenido la recompensa justa en la forma de territorios en el Mediterráneo y colonias en África.

¡EL ACUERDO DE POSGUERRA ES UNA VICTORIA MUTILADA!
¡AHORA ESTAMOS ENFRENTÁNDONOS AL DESEMPLEO Y A LA POBREZA!
¿PARA QUÉ NOS SACRIFICAMOS NOSOTROS Y NUESTROS CAMARADAS MUERTOS?
¡NUNCA PERDONAREMOS A LOS SOCIALISTAS POR OPONERSE A LA ENTRADA DE ITALIA EN LA GUERRA!

Lo más importante, el gobierno liberal de entonces y las fuerzas de la izquierda se encontraban en el atolladero.

En esta atmósfera Benito Mussolini (1893-1945), un exsocialista, periodista y exsoldado de primera línea, emergió como fundador de escuadrones de excombatientes y sus partidarios vestidos con uniformes de camisas negras.

En 1922, los fascistas eran alrededor de un cuarto de millón. Tras la enormemente simbólica «Marcha sobre Roma», Mussolini, que llegó en tren, se convirtió en el jefe del gobierno invitado por el rey Víctor Manuel III.

¡Si podemos salirnos con la nuestra matando a Matteotti, podemos salirnos con la nuestra con cualquier cosa!
En 1926 se había abolido el gobierno parlamentario.
Giacomo Matteotti
1885-1924
Líder de los socialistas en el Parlamento
Había una censura estricta. Se le concedieron amplios poderes a la policía secreta OVRA. Los tribunales especiales procesaron a prisioneros políticos. Algunos fueron ejecutados. Muchos más recibieron largas sentencias de cárcel o fueron enviados a exilios internos en lugares remotos.
El brillante pensador marxista Antonio Gramsci (1891-1937) pasó largos años en prisión y murió en ella.
¡Debemos hacer que este cerebro deje de funcionar durante 20 años!
Fiscal del Estado

## Un Estado totalitario o corporativo

¡ITALIA ES UN ESTADO TOTALITARIO EN EL QUE EL PODER Y LA IDEOLOGÍA DEL FASCISMO NO PUEDEN SER DESAFIADOS!
GUION by GIOVANNI GENTILE
DIRECTOR
¡DE HECHO, NOS RESISTIMOS AL INTENTO POR OBTENER EL «CONTROL TOTAL»: LOS INTERESES DE LAS GRANDES EMPRESAS!

El Estado totalitario previsto por los teóricos fascistas italianos, como el filósofo Giovanni Gentile (1875-1944), era un **Estado corporativo**. Empresarios y trabajadores unidos y regulados en interés de la sociedad en su conjunto. Trabajadores y empresarios organizados verticalmente en las mismas organizaciones con un interés común por la productividad. Control total de la economía y el Estado por medio del Partido.

Estos eran los mismos «intereses» que habían aprobado los ataques fascistas hacia los partidos e instituciones de la izquierda. Las antiguas élites continuaban siendo poderosas.

## Nostalgia e imperialismo

El Partido fascista adoptó como insignia los ***fasces***: la palabra latina de la que deriva ***fascio***.

***Fasces*** es un manojo de varas (normalmente para azotar a gente) alrededor de un hacha (aludiendo a la pena capital) que se llevaba delante de los gobernantes de la Antigua Roma. Adoptar los *fasces* implicaba que Italia reclamaba el rol del Imperio Romano.

¡SIGNIFICA QUE DESAFIAMOS LA DOMINACIÓN BRITÁNICA SOBRE EL MEDITERRÁNEO! EL MEDITERRÁNEO ES NUESTRO MAR: EL MARE NOSTRUM DE LOS ROMANOS.

La Italia fascista era descrita en la propaganda fascista como una «nación proletaria» a la que se le había negado su parte de la riqueza y territorio coloniales al cual podría exportar su campesinado desempleado y empobrecido.

Para este fin, la Italia fascista adoptó una política económica de autosuficiencia (la **autarquía**) y la regulación de grandes partes de la industria con intervención y financiación del Estado.

Los principales industriales de Italia, como aquellos que dirigían la marca de producción de coches FIAT, estaban dispuestos a instaurar el fascismo.
LA INDUSTRIA PESADA SOLO PUEDE PROSPERAR CON EL PROGRAMA DE REARMAMENTO.
Y CONSTRUYENDO UNA FLOTA PODEROSA.
¡ESTAMOS REDUCIENDO EL DESEMPLEO!
FIAT

La guerra estalló en los años 1930 en Abisinia, en España (en la Guerra Civil por parte del fascismo español) y en 1940 por parte de Alemania en la Segunda Guerra Mundial.

El Partido fascista pronto abandonó esos elementos de su programa que eran críticos con el capitalismo o apoyaban reformas de las condiciones de los trabajadores.

El Partido Fascista Italiano no era inicialmente antisemita. Ciertamente, había algunos judíos en el ejército, finanzas e industria que eran, en principio, fascistas entusiastas. Pero en 1936, Alemania formó el denominado **Eje Roma-Berlín** mediante un tratado, al que más tarde se unió Japón.

FRACASÓ A LA HORA DE OBTENER UNA AMPLIA ACEPTACIÓN ENTRE EL PUEBLO ITALIANO.
¡EL ANTISEMITISMO ES AHORA POLÍTICA OFICIAL!

El fascismo italiano abrazó la teoría del liderazgo de la élite. El poder viene desde arriba hacia abajo. **¡Creer, Obedecer, Luchar!**

La Cabeza del Estado y del partido es el líder: ***Il Duce*** (pronunciado Du-che).

El fascismo italiano colapsó con la derrota de las fuerzas alemanas en Italia en 1945 y la ejecución de Mussolini a manos de los combatientes de la resistencia.

De este colapso emergieron intactas las antiguas élites poderosas en la industria, finanzas, la Iglesia y en muchas áreas de las fuerzas militares y el ejército. El sistema social y económico de Italia se mantenía inalterado.

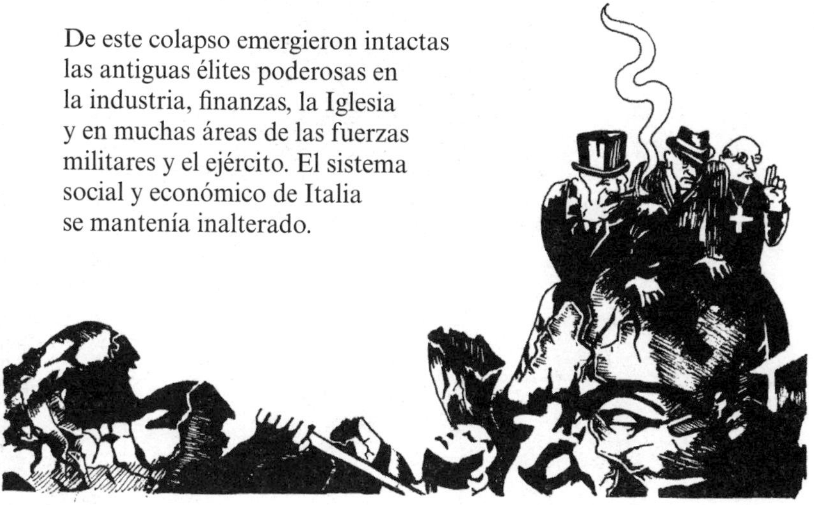

## El modelo alemán

Como en Italia, el orgullo en Alemania había resultado herido por los términos de paz impuestos por los aliados de la Primera Guerra Mundial, liderados por Francia, los Estados Unidos y Gran Bretaña. Este fue el odiado ***Diktat***: la paz dictada acordada de Versalles, 1919.

¿PARA QUÉ NOS SACRIFICAMOS NOSOTROS Y NUESTROS CAMARADAS MUERTOS?

La derrota de las fuerzas armadas alemanas en 1918 fue seguida por motines y levantamientos revolucionarios.
FORMAMOS CONSEJOS DE TRABAJADORES Y SOLDADOS INSPIRADOS POR LOS SOVIETS RUSOS.
¡TODOS LOS INDICIOS DE UNA SITUACIÓN REVOLUCIONARIA!
PONDREMOS FIN A ESTO.
El gobierno socialdemócrata de posguerra reprimió los levantamientos.
CON NUESTRA AYUDA, EL EJÉRCITO...

¡Y LA NUESTRA, LOS FREIKORPS!
¡PORQUE HAN TRAICIONADO A ALEMANIA AL FIRMAR LOS TRATADOS DE PAZ!
¡PORQUE SE OPONEN A LA GUERRA Y QUIEREN UNA ALEMANIA SOVIÉTICA!

Los ***Freikorps*** (Cuerpo de policía libre) eran formaciones militares implacables de derecha que operaban de forma independiente.

Los *Freikorps* asesinaron a sus oponentes políticos: en particular, a los comunistas **Karl Leibknecht** (1871-1919) y **Rosa Luxemburgo** (1887-1919).

Algunos políticos burgueses del Centro, como el ministro de Exteriores **Walter Rahenau** (1887-1922), también fueron asesinados.

Apoyando al gobierno, el ejército obtuvo una posición de gran poder e independencia frente al Estado alemán.

En esta atmósfera de inflación, desempleo e inseguridad, surgió el **Partido Nacionalsocialista Obrero Alemán** (el partido nazi). Prometía muchas cosas.

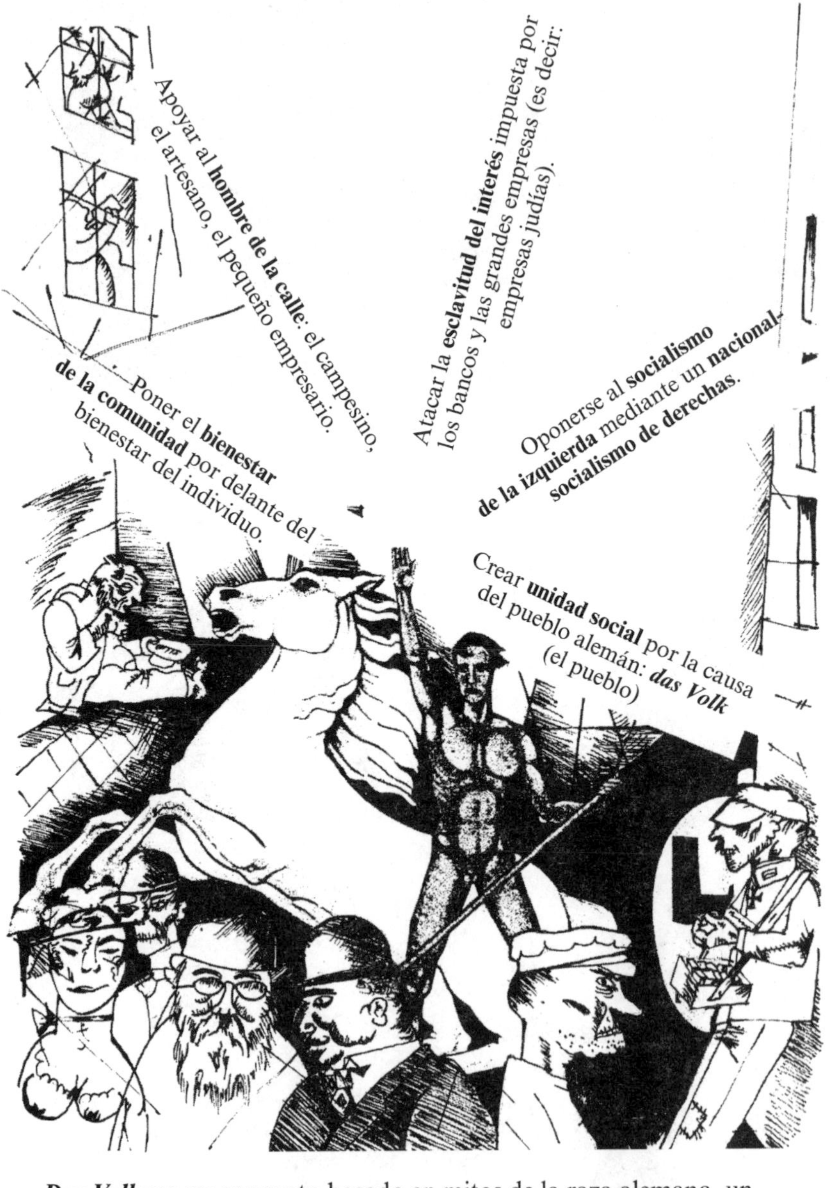
Apoyar al **hombre de la calle**: el campesino, el artesano, el pequeño empresario.
Atacar la **esclavitud del interés** impuesta por los bancos y las grandes empresas (es decir: empresas judías).
Poner el **bienestar de la comunidad** por delante del bienestar del individuo.
Oponerse al **socialismo de la izquierda** mediante un **nacional-socialismo de derechas**.
Crear **unidad social** por la causa del pueblo alemán: ***das Volk*** (el pueblo)

***Das Volk*** era un concepto basado en mitos de la raza alemana, un pasado teutónico legendario, las óperas de Wagner y figuras como Hermann, el caudillo que luchó en las legiones romanas.

Adolf Hitler (1889-1945), el organizador del partido nazi fue, como Mussolini, un excombatiente y soldado que había estado en el frente. Su implicación en el **golpe de Estado** de derechas de 1923 acabó en un fracaso total. Hitler fue encarcelado durante un corto tiempo.

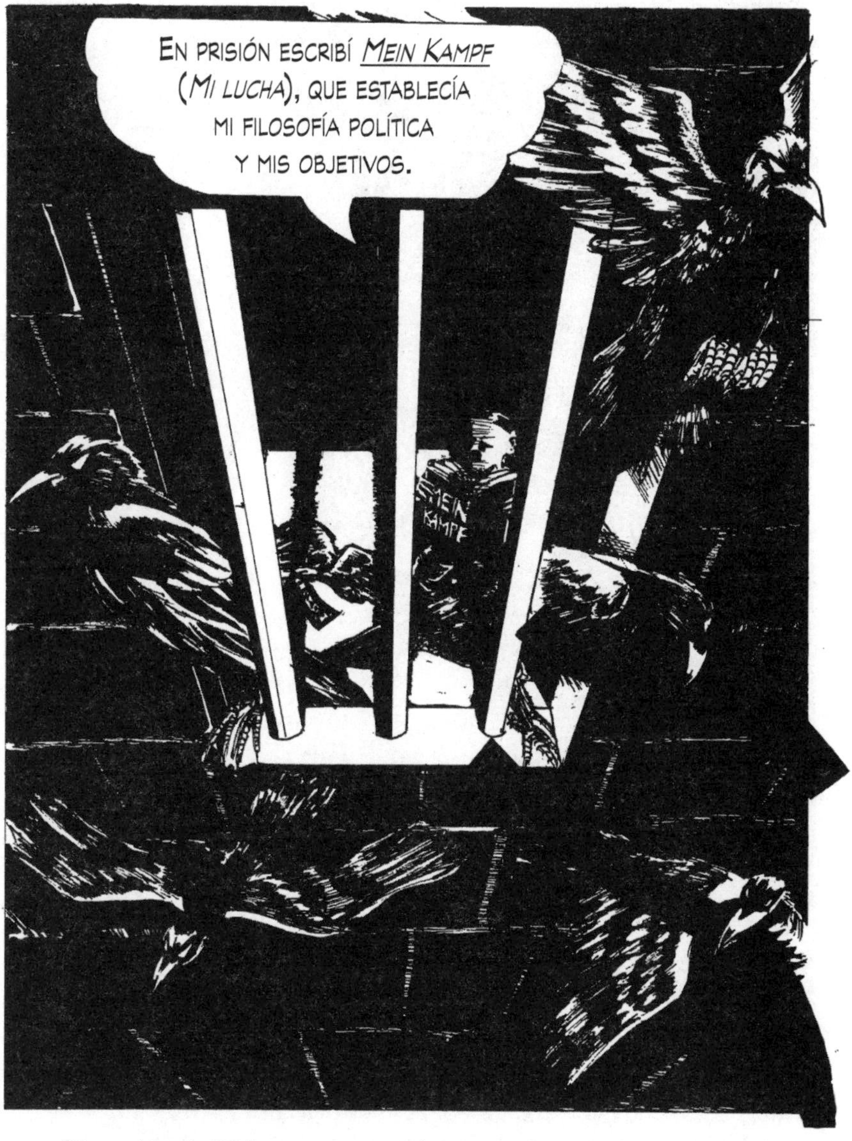


El partido de Hitler no tuvo una importancia crucial hasta la crisis económica mundial de los años 1930.

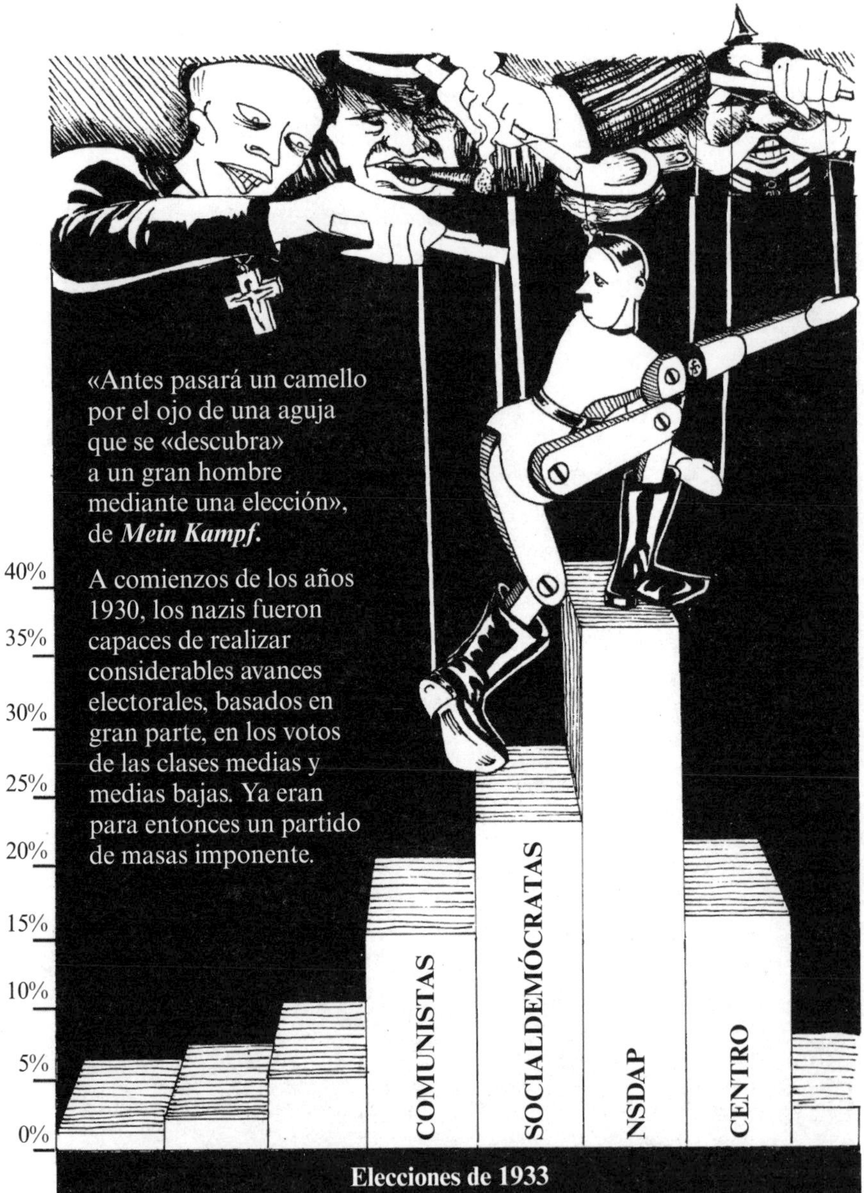

«Antes pasará un camello por el ojo de una aguja que se «descubra» a un gran hombre mediante una elección», de *Mein Kampf.*
A comienzos de los años 1930, los nazis fueron capaces de realizar considerables avances electorales, basados en gran parte, en los votos de las clases medias y medias bajas. Ya eran para entonces un partido de masas imponente.
40%
35%
30%
25%
20%
15%
10%
5%
0%
COMUNISTAS
SOCIALDEMÓCRATAS
NSDAP
CENTRO
Elecciones de 1933

Como en Italia, había un equilibro de bloqueo entre la izquierda el gobierno alemán. Al obtener el apoyo de una gran cantidad de magnates de la industria, los políticos de derechas y el ejército, Hitler fue capaz de presentarse como un candidato adecuado para la Cancillería y la jefatura del gobierno.

Hitler fue investido **legalmente** como Canciller en 1933 con el apoyo de los conservadores que esperaban que los nazis aplastaran a la izquierda. Se creían ellos mismos capaces de controlar a los nazis.

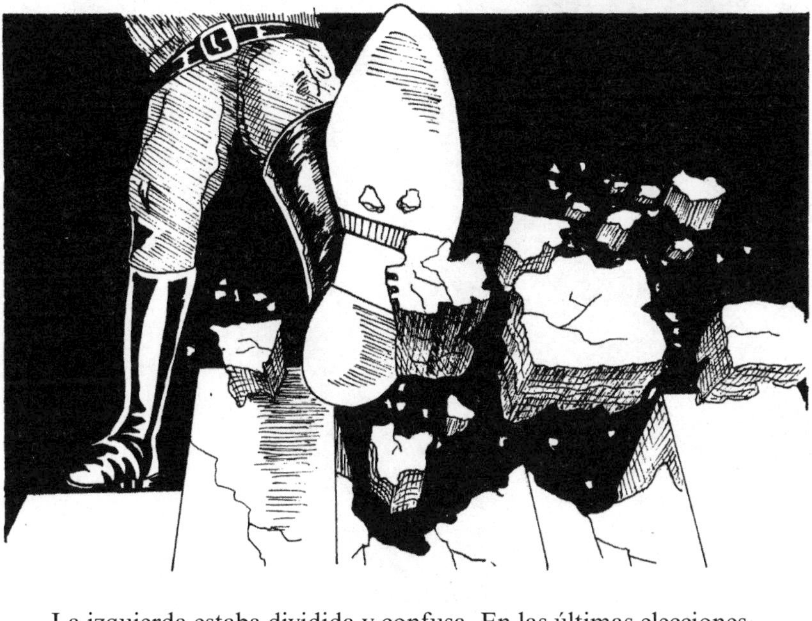

La izquierda estaba dividida y confusa. En las últimas elecciones libres en 1933 los nazis no obtuvieron una mayoría global (recibieron solo un 43% del total de los votos) pero se les había **dado** el poder.

## El instrumento es el terror

Los primeros pasos de los nazis incluyeron la abolición de los sindicatos y de los partidos de izquierda.

Se establecieron campos de concentración y se llenaron inmediatamente con sus oponentes políticos: comunistas, socialistas, críticos del nazismo.

SIEG HEIL
SIEG HEIL
SIEG HEIL
SIEG HEIL
SIEG HIEL
SIEG HEIL
SOY ALEMANIA Y ALEMANIA SOY YO... ¡QUÉ SUERTE QUE NOS HAYAMOS ENCONTRADO EL UNO AL OTRO!

La educación, la Iglesia, la cultura, todo se puso bajo el control nazi. El partido era todopoderoso. Alemania también, como Italia, era un Estado totalitario con un liderazgo formalizado (Hitler como líder supremo), el *Führer*.

## La purga de los Camisas Pardas SA

Una parte del partido Nazi deseaba insistir en el elemento anticapitalista «socialista» radical. Esta era la milicia del partido, los camisas pardas SA (***Sturmabteilung*** o tropas de asalto). El comandante de las SA, Ernst Röhm (1881-1934) era un homosexual.

¡ES UNA BUENA EXCUSA MORAL!
Röhm y otros líderes de las SA fueron ejecutados en una purga llamada «la Noche de los cuchillos largos» en 1934.

El poder pasó entonces al cuerpo de elite de las SS (***Schutzstaffel*** o Escuadrón de Defensa), creado originalmente por Hitler como sus guardaespaldas personales, los camisas negras, pero en 1929 los puso bajo el mando de Heinrich Himmler, quien hizo de las SS la organización más temida de Europa.

Lo que quedaba de «socialismo» después de la purga de las SA fue una política de movilización para fines sociales en organizaciones como el Frente de Trabajo, usado en obras públicas como autopistas, o el movimiento las Juventudes Hitlerianas.

Los programas de bienestar para trabajadores fueron organizados por el movimiento *Kraft durch Freude* (Fuerza a través de la alegría).

**Vacaciones, cruceros, acontecimientos deportivos, viviendas piloto para trabajadores.**

**Una económica «radio para el pueblo».**

**Un económico «coche para el pueblo», el Volkswagen.**

## La supervivencia de los más fuertes

El racismo y las políticas basadas en la teoría de la **eugenesia** eran capitales para el pensamiento nazi: una idea engañosa y peligrosa de la «selección natural» darwiniana aplicada a la sociedad.

¡NO SOCIALISMO, SINO DARWINISMO SOCIAL!
LA REPRODUCCIÓN ENTRE GENTE DE ELEVADA INTELIGENCIA MEJORARÁ LA CALIDAD DE LA RAZA.
EL TRABAJO DE NUESTRA VIDA PARA LA REPRODUCCIÓN EUGÉNICA Y LA RAZA.
PROPONGO QUE 100.000 BRITÁNICOS MORALMENTE DEGENERADOS SEAN ESTERILIZADOS A LA FUERZA Y OTROS TANTOS INTERNADOS EN CAMPOS DE TRABAJO PARA DETENER EL DECLIVE DE LA RAZA BRITÁNICA.

La eugenesia fue inventada en 1883 por Francis Galton (1822-1911), un científico británico.

Dr. Marie Stopes (1880-1958) pionero en el control de la natalidad.

Winston Churchill (1874-1965) como ministro del Interior en un documento del departamento de 1910.

El autor y dramaturgo George Bernard Shaw (1856-1950) fue otro de los muchos partidarios de esta doctrina racista.

## La lógica del Holocausto

En 1926, la *American Eugenics Society* (Sociedad Americana de la Eugenesia) defendió la esterilización de los locos, los discapacitados y los epilépticos.

Los nazis comenzaron a aplicar los principios de la eugenesia a los mentalmente discapacitados, que fueron las primeras víctimas en ser «gaseados experimentalmente»: alrededor de 200.000 adultos y niños entre 1939 y 1941.

Los homosexuales también fueron clasificados como degenenerados de forma inaceptable, mientras que los gitanos y los eslavos fueron clasificados como racialmente inferiores.

Los homosexuales, gitanos y eslavos murieron en gran número en campos de trabajo y exterminio durante la Segunda Guerra Mundial.

## «Limpieza étnica»

La misma falsa teoría genética mantenía que los judíos suponían una amenaza a la «pura cepa aria» de los alemanes.

«Los judíos son un cuerpo extraño que crea malestar, enfermedad, llagas siempre supurantes, la muerte. Estos extraños son la causa de la putrefacción y deberían ser destruidos tan rápida y completamente como sea posible».

El orientalista y académico Paul de Lagarde (1827-1891).

Alemania tenía que convertirse en ***Judenrein*** (libre de judíos). Aparte de la «amenaza genética», los judíos fueron etiquetados como doblemente peligrosos: tanto como capitalistas poderosos como bolcheviques subversivos. Deshacerse de los judíos eliminaría amenazas desde dos direcciones a la vez. Esta absurda proposición encontró su resultado lógico a su debido tiempo en el Holocausto.

## Una economía de guerra

El liderazgo nazi se embarcó en una política de expansión territorial que condujo a la guerra.
¡SOLUCIONA EL PROBLEMA DEL DESEMPLEO!
¡Y NOSOTROS LOS EMPRESARIOS «ARIOS» CONSEGUIMOS LAS PROPIEDADES JUDÍAS CONFISCADAS A PRECIO DE DERRIBO!
LA INDUSTRIA PESADA PROSPERA BAJO LA INTERVENCIÓN Y LA DIRECCIÓN ESTATAL.

La industria alemana fue el primer cómplice del régimen nazi.

Cuando se crearon los campos de exterminio en Polonia en los años 1940, las empresas alemanas como **Siemens** e **IG Farben** construyeron fábricas junto a ellos.

**BMW**, la empresa fabricante de coches bávara, usó mano de obra esclava de Dachau. **Degesch**, un fabricante de pesticidas, suministró Zyklon B para las cámaras de gas. La empresa **Topf & Son** diseñó los hornos crematorios (¡y sacó una patente sobre su sistema en 1953!).

¡AH, EL DULCE OLOR DE LA LIBRE EMPRESA!

Los campos eran una fuente de mano de obra barata con capacidad de expansión. Así lo eran también los territorios conquistados del Este, de los cuales se importaba mano de obra esclava para trabajar en la industria y en el campo.

## El fin del Reich «de los mil años» de Hitler

El nazismo se hundió con la derrota total de la maquinaria militar alemana. Alemania se dividió: una realidad política de la que el Muro de Berlín fue su símbolo.

## En Alemania Occidental

Los aliados británicos, franceses y americanos restauraron una economía capitalista que había sufrido una destrucción física, pero que rápidamente se reconstruyó.

Las antiguas élites prenazis aún se mantenían intactas y listas para retomar su lugar en la República Federal.

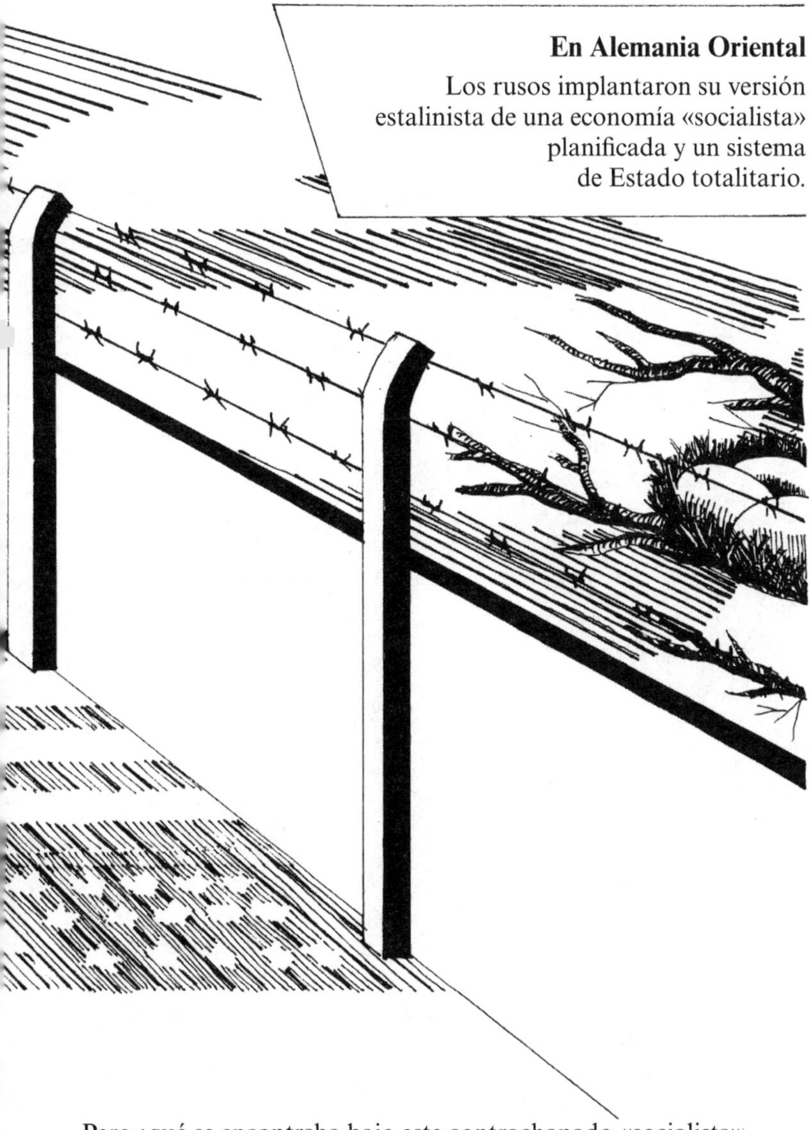

En Alemania Oriental
Los rusos implantaron su versión estalinista de una economía «socialista» planificada y un sistema de Estado totalitario.

Pero ¿qué se encontraba bajo este contrachapado «socialista», esperando para salir?

## El modelo español

España fue el tercer país europeo en tener un gobierno fascista. Alcanzó el poder como resultado de una rebelión militar y una guerra civil que tuvo lugar entre 1936 y 1939.

En 1931 tuvo lugar la libre elección de un gobierno republicano comprometido con la reforma social.
¡ESTE GOBIERNO ES PELIGROSAMENTE DE IZQUIERDAS!
¡NO DEFENDERÁ LOS INTERESES DE LA CLASE GOBERNANTE!
SINDICALIZACIÓN CAMPESINA
8 HORAS AL DÍA PARA LOS AGRICULTORES

¡LO COMBATIREMOS FINANCIANDO A LOS PARTIDOS FASCISTAS Y DE ULTRADERECHA!
COMO FASCISTAS, ESTAMOS COMPROMETIDOS CON LA DESTRUCCIÓN DE LAS ORGANIZACIONES DE LA IZQUIERDA.
¡Y TAMBIÉN DE LA REPÚBLICA DEMOCRÁTICA!
REGULACIÓN DE LOS SALARIOS Y DE LAS CONDICIONES LABORALES
FORTALECIMIENTO DE LOS SINDICATOS INDUSTRIALES

El más prominente de estos partidos fue la Falange, fundado en 1933 por Primo de Rivera (1903-1936) y modelado siguiendo el modelo del Partido fascista italiano. Primo de Rivera fue asesinado.
Estilo falangista
Camisa azul, rituales fascistas, saludo fascista, cánticos fascistas.

ESTAMOS ENTRENADOS EN EL COMBATE EN LAS CALLES. DESPRECIAMOS EL SISTEMA BURGUÉS... ¡Y TAMBIÉN SOMOS ANTISEMITAS!
Y NOSOTROS BUSCAMOS ESTABLECER UN ESTADO FASCISTA CORPORRATIVO MEDIANTE MEDIOS ELECTORALES.
Y NOSOTROS SOMOS TUS ALIADOS NATURALES.
¡Y NOSOTROS!
**El partido monárquico**
La **CEDA**, un partido autoritario católico
**Los carlistas**, un partido intensamente católico y profundamente conservador del Norte de España, opuesto a la modernización y convencidos de la acción directa.

La insignia falangista presentaba el emblema de los Reyes Católicos: un haz de flechas (una versión del ***fascio***) y los colores negro y rojo prestados del anarcosindicalismo radical de izquierdas.

En el campo ideológico, el fascismo mantuvo que España se había corrompido por las ideas de la Ilustración y de la Revolución Francesa.

## El Movimiento

Las elecciones en 1936 de un gobierno del Frente Popular compuesto por socialistas, comunistas y radicales, desencadenó una rebelión dirigida por el general Francisco Franco (1892-1975).

COMENZAREMOS AQUÍ EN EL MARRUECOS ESPAÑOL DONDE EL EJÉRCITO TIENE UNA SÓLIDA BASE TRAS LUCHAR UNA LARGA GUERRA COLONIAL.
DEL CUAL FRANCO ES NUESTRO CAUDILLO (EL LÍDER).
Y ÉL ES EL JEFE DE LA FALANGE.

Franco forzó a los fascistas y a los monárquicos a que se unieran en una única organización, junto con el ejército, para formar el **Movimiento**.

La Guerra Civil terminó después de 3 años con la victoria de Franco.

Una victoria hecha posible gracias a las unidades expedicionarias de los ejércitos, fuerzas navales y fuerzas aéreas alemanas e italianas.

Los fascistas irlandeses, monárquicos franceses y rusos blancos exiliados también lucharon a favor de los rebeldes, pero fueron bastante menores en número que las Brigadas Internacionales.

Las Brigadas Internacionales somos nosotros: voluntarios prorrepublicanos provenientes de toda Europa.
Incluyendo a la Brigada Lincoln de los Estados Unidos.
Creíamos que el fascismo podría ser derrotado aquí en España.
¡Evitando, quizá, la Segunda Guerra Mundial!
España nos necesita porque nuestros gobiernos han adoptado una política de «no intervención».

¡FUERON MALAS NOTICIAS PARA LA DEMOCRACIA CUANDO NINGÚN OTRO PAÍS EXCEPTO RUSIA AYUDÓ A LA REPÚBLICA ESPAÑOLA!
FUI TESTIGO Y ESCRIBÍ SOBRE LOS ASESINATOS DE IZQUIERDISTAS EN BARCELONA.
¡PERO NO ME CREYERON!

La ayuda de Stalin incluyó el envío de agentes del Comintern para purgar a sus enemigos (trotskistas, anarquistas y radicales), causando, por lo tanto, una «guerra civil dentro de una guerra civil» en la izquierda y debilitando el esfuerzo republicano.

George Orwell (1903-1950) en ***Homenaje a Cataluña***.

A la victoria del fascismo en la Guerra Civil le siguió un régimen dictatorial con campos de concentración, trabajos forzados para los oponentes al régimen, y tribunales especiales que distribuyeron sentencias de muerte sumarias en cantidades espantosas.

Con la destrucción de la izquierda, los campesinos y trabajadores quedaron indefensos frente a los ataques sobre los salarios y los estándares de vida. Los sindicatos se entregaron a la Falange, que también había heredado las imprentas y otras propiedades de la izquierda.

## 40 años de dictadura fascista

Cuando se hubo ganado la victoria militar, Franco se distanció de la Falange, cuyo prestigio se había visto socavado por el hundimiento del fascismo italiano en 1943, al cual estaba unido la Falange.

¡NO DEBERÍAIS VOLVER, PERDEDORES!
PERO AÚN SOMOS UNA FUERZA EN LA POLÍTICA INTERIOR...
¡EL PODER SE MANTIENE AÚN CON NOSOTROS!

La Falange controlaba un movimiento de masas juvenil. También penetró en el servicio civil y repartió patrocinios en muchas áreas de la vida española.

El militar.

Católicos de derechas y tecnócratas del Opus Dei (una organización católica secreta poderosa que aún tiene conexiones importantes en política, industria y finanzas dentro y fuera de España).

La dictadura fascista se fue erosionando gradualmente debido a la creciente prosperidad económica española, y mediante la presión de los Estados Unidos que querían disponer de bases aéreas en España.

LLAMÉMOSLO TURISMO MILITAR PERMANENTE.
Y PODEMOS VER QUE LAS OPINIONES TRADICIONALISTAS DEL RÉGIMEN Y EL CONTROL DE LA ECONOMÍA ESTÁN OBSTACULIZANDO EL DESARROLLO DEL PAÍS.

Financieros e industrialistas.

A la muerte de Franco en 1975 se restauró la monarquía. De nuevo las viejas élites aún estaban en su lugar.

## Otros estilos de fascismo europeo

El fascismo de entreguerras tuvo muchas variedades nacionales. Era camaleónico, y se basaba en diferentes tradiciones locales de derecha y radicales.

**En Francia**, había organizaciones antisemíticas como la monárquica **Action Française** y sociedades como la **Croix de Feu** compuestas de veteranos condecorados por valentía en la Primera Guerra Mundial.

En **Bélgica**, los fascistas eran **Rexistas**: seguidores de **Christus Rex** (Cristo Rey), católicos y nacionalistas. En **Rumanía**, la **Guardia de Hierro** era fanáticamente religiosa y nacionalista.

En **Hungría**, la **Cruz Flechada** era cristiana, nacionalista y antisemita.

Además, había variedades del fascismo que se definían mejor como fascismo clerical. Los ejemplos fueron la larga y puritanamente religiosa dictadura de Antonio Oliveira Salazar (1889-1970) en **Portugal**, y **Austria**, en los años 1930, antes de que Hitler anexionara el país, experimentó el breve régimen del canciller Engelbert Dolfuss, un católico, antisocialista y antisemita.

## El caso británico

La inseguridad y el desempleo masivo que causó la Gran Depresión de los años 1930, ayuda a explicar el auge del fascismo en algunos países europeos. Gran Bretaña compartió los mismos problemas, pero el fascismo solo tuvo un éxito muy moderado.

Oswald Mosley (1896-1980), que emergió como líder de un partido fascista, había sido soldado en la guerra de 1914-18.

COMENCÉ MI VIDA POLÍTICA COMO TORY PERO ME PASÉ AL PARTIDO LABORISTA Y OBTUVE UN PUESTO EN UN GABINETE DE MENOR IMPORTANCIA.
PERO EL GOBIERNO LABORISTA RECHAZÓ ADOPTAR MEDIDAS RADICALES PARA ACABAR CON EL DESEMPLEO...

Así, Mosley fundó el **New Party**. No fue un éxito. Así que continuó fundando la **Unión Británica de Fascistas** (British Union of Fascist), basándose en una tradición de racismo nacionalista que se originó en la Liga de Hermanos Británicos de 1904, creada para reducir o detener la inmigración de Europa del Este.

Mosley fue también un ejemplo característico al ser financiado por un gran industrialista, Sir William Morris, el fabricante de coches, y alentado por Lord Rothermere, dueño del **Daily Mail** que apoyaba a los Camisas negras.

La UBF nunca tuvo más de 40.000 miembros como máximo en los años 1930. Sus miembros provenían abrumadoramente de la clase media-baja: pequeños comerciantes, estudiantes, desempleados. Pero sí tuvo un impacto en el apoyo de la clase trabajadora: hasta el 20% de los votos en las elecciones locales en algunas partes del Este de Londres que tenía una gran comunidad judía.

## Razones para el fracaso del fascismo en la Gran Bretaña de entreguerras

Un motivo por el que la UBF tuvo poco impacto en la vida política británica fue que la rama de antisemitismo patriótico de Mosley había podido encontrar un lugar confortable en el partido conservador de derecha.

¿Qué pensaban las secciones políticamente importantes de derecha en los años 1930?

ALGUNOS DE NOSOTROS FAVORECEMOS EL APACIGUAMIENTO DEL FASCISMO ALEMÁN.
ESPERAMOS QUE LAS AMBICIONES DE HITLER SE CENTREN HACIA EL ESTE, CONTRA LA UNIÓN SOVIÉTICA.
PERO PARA OTROS, ¡LA OPOSICIÓN DE MOSLEY A LA GUERRA CONTRA HITLER OFENDE NUESTRO PATRIOTISMO!
DAILY MAIL
Mutiny!

Gran Bretaña tenía también la suerte de que la mayoría de sus Fuerzas Armadas estaban estacionadas a lo largo del Imperio y con ello, se encontraban fuera de la arena política. Debemos recordar lo que ocurrió en Curragh en 1914: ¡el cuerpo de oficiales se amotinó en protesta en contra de otorgar un gobierno autónomo a Irlanda!

Los fascistas camisas negras de Mosley celebraron mítines masivos en los que los que los interrumpían fueron severamente maltratados, con la policía que, aparentemente, era reacia a intervenir.

En 1936, la *Public Order Act* prohibió llevar uniformes y otorgó a la policía amplios poderes para controlar las manifestaciones y marchas públicas; poderes usados con mucha más contundencia contra la izquierda que contra el fascismo.

## La batalla de Cable Street

Si en la derecha conservadora la UBF era considerada como demasiado extrema y políticamente innecesaria, en la izquierda había voluntad de desafiar a los camisas negras de forma abierta. De esto, el primer ejemplo es la batalla de Cable Street en 1937.

Los fascistas de Mosley planearon una marcha a través del área judía del East End. El partido laborista se mantuvo al margen y avisó a sus miembros de no oponer resistencia a la marcha. La policía intervino contra los manifestantes, forzando a los fascistas a dar la vuelta. Fue una victoria crucial para la izquierda.

En 1940, la UBF fue declarada ilegal y Mosley fue internado junto con otros líderes de otros grupos fascistas más pequeños.

## La dominación de Europa por parte del Eje

Cuando la mayoría de Europa cayó bajo el dominio del Eje Roma-Berlín, los partidos y gobiernos fascistas locales se vieron apoyados.

En la zona no ocupada de Francia se estableció un gobierno colaboracionista en la ciudad de Vichy, encabezado por el mariscal de campo Philippe Pétain (1856-1951), una figura militar legendaria de la guerra de 1914-18.

SUSTITUIMOS EL LEMA REPUBLICANO DE «LIBERAD, IGUALDAD, FRATERNIDAD» POR «PATRIA, TRABAJO, FAMILIA».

Las hachas celtas ocuparon el lugar de Marianne, símbolo de la República. Y la República francesa se convirtió en el «Estado francés».

La milicia y la policía de Vichy persiguieron con todo celo a los judíos y a miembros de la resistencia.

El régimen de Pétain se esforzó por presentar una imagen de cierta independencia de la Alemania nazi, pero era un colaborador fascista leal.

NO TUVIMOS QUE OBLIGARLOS A APROBAR LEYES ANTISEMITAS.

También había gobiernos marioneta o traidores (*quisling*) en Noruega, Holanda, Bélgica y Eslovaquia. El sacerdote antisemita, el padre **Josef Tiso** (1887-1947), dirigió el gobierno fascista eslovaco. En Croacia, los *ustasha* bajo las órdenes de **Ante Palevic** establecieron un régimen fascista. Todos ellos se hundieron con la derrota de los ejércitos nazis. Muchos de sus miembros (Tiso fue uno de ellos) fueron ejecutados como criminales de guerra y colaboradores. Muchos fueron encarcelados. Pero muchos otros sobrevivieron y mantuvieron viva la fe política en el fascismo.

## El caso de Japón

El régimen imperial que condujo a Japón a la Segunda Guerra Mundial ha sido descrito de varias maneras, como «fascista», «militarista», «ultranacionalista», «totalitario».

El Japón de los años 1930 era uno de los lugares más extraños de la tierra. Estaba dirigido por una divinidad, el Emperador. Era un Estado capitalista semi-feudal con una nobleza hereditaria políticamente importante.

El sector económico estaba dominado por las ***zaibatsu*** (camarillas financieras) compuesto por grandes cárteles, como Mitsubishi, Nissan y otros de este tipo en las finanzas y la industria, que actuaban en parte como agentes del gobierno.

El gobierno mismo consistía en coaliciones cambiantes entre las ***zaibatsu***, la burocracia elitista que dirigía el país para el Emperador, y las fuerzas armadas de extracción principalmente campesina: los soldados del campesinado, los oficiales de los pequeños propietarios. La nobleza hereditaria de la Cámara de los Padres desempeñó un papel importante como mediadora entre estos grupos y la Corte Imperial.

Japón era una potencia colonial. Había conquistado Corea, ganado a Taiwán y había recibido algunas posesiones alemanas en el Pacífico como recompensa por haber luchado en el bando aliado en la Primera Guerra Mundial.

La política de expansión japonesa fue apoyada por las *zaibatsu*, el alto mando de las fuerzas armadas y, en secreto, por el propio Emperador.

## Recesión y rebelión

En 1931 un grupo de oficiales del ejército rebeldes desencadenaron una invasión de Manchuria en el Noroeste de China.

En 1932, algunos conspiradores agrarios radicales asesinaron al Primer Ministro Inukai y al magnate Dan Takuma.

## El *Niniroku*

El ***niniroku*** o incidente de 26 de febrero de 1936 fue un importante levantamiento militar que tuvo lugar en Tokyo dirigido por una facción militante que tenía por meta liquidar a la élite gobernante y reformar la nación.

Los conspiradores del ***niniroku*** estaban influenciados por **Kita Ikki** (1884-1937), un revolucionario de derechas y fundador del fascismo japonés, quien fue ejecutado por su participación en la trama.

ESTABA INSPIRADO POR LA RENOVACIÓN NACIONAL CHINA. MIS TÁCTICAS BEBEN DE LENIN Y HITLER: UNA MEZCLA DE BOLCHEVISMO Y NACIONALSOCIALISMO ADAPTADO A LAS TRADICIONES JAPONESAS DE ADORACIÓN DEL EMPERADOR.

Kita Ikki era un agitador profesional que se había enrolado con los revolucionarios de Sun Yatsen en China durante el derrocamiento de la dinastía Qing en 1911.

El **Plan para la reorganización de Japón** de Kita Ikki se había impreso y circuló de forma secreta durante muchos años, a pesar de estar prohibido por la policía. Preveía un Japón transformado radicalmente que conducía a un movimiento revolucionario que se extendería por Asia, desafiando al capitalismo moderno, enfrentándose a los poderes coloniales occidentales, en particular a los Estados Unidos.

La **Reorganización** de Kita Ikki buscaba una «renovación nacional» basada en el ideal de un «Emperador del pueblo», un símbolo divino de la comunidad y la liberación de los burócratas corruptos. He aquí algunas de sus reformas previstas:

— Abolición de la jerarquía y sufragio universal masculino.

— Redistribución de la tierra excedente entre el campesinado.

— Confiscación del capital industrial transferido al Estado para restringir el poder de las ***zaibatsu***.

— Nacionalización de las principales industrias.

— Producción industrial y gestión dirigidas por agencias estatales.

— Una jornada laboral de 8 horas y límite en los salarios.

Kita Ikki preveía un Estado corporativo basado en el modelo italiano.

El *niniroku* estaba abocado al fracaso. El círculo interno del Emperador de altos mandos militares y políticos aprovecharon el golpe de Estado fallido para purgar el ejército de disidentes y prepararlo para la conquista.

## Antes de Pearl Harbour

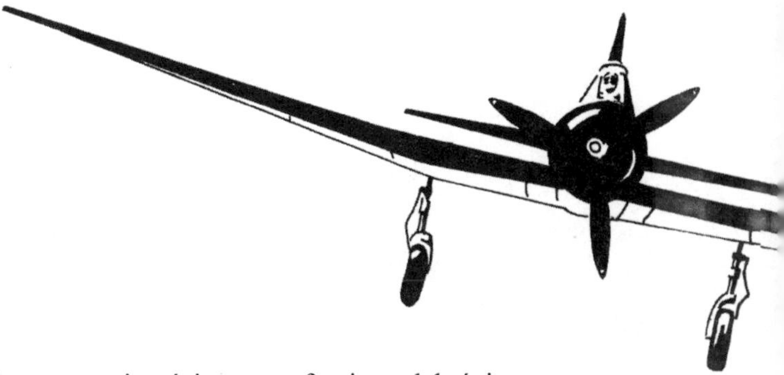

¿Cuáles eran las estrategias típicamente fascistas del régimen imperial japonés?

— Atacar a los partidos y sindicatos de izquierdas.

— Reducir la Dieta (Parlamento japonés) a la impotencia.

— Introducir una severa censura impuesta por el ***kempeitai***: la «policía del pensamiento» al estilo de la Gestapo.

— Apelar a la mitología ultranacionalista shinto: la diosa Sol y la adoración al emperador.

— Adoctrinar al pueblo japonés como una raza superior.

— Militarizar todos los aspectos de la sociedad.

— Promocionar las fuerzas armadas hasta la función de partido de masas y «vanguardia de la nación».

— Infundir las tradiciones militaristas y el código moral de los ***samurai***, la caballería feudal: el ***bushido***.

— Exigir un sacrificio total de sus guerreros de élite, como los ataques suicidas de los *Kamikaze* sobre los barcos de guerra americanos.

— Promover la muerte como la verdadera realización de la vida.

— Mantener a las mujeres sumisas.

## La Esfera de Co-prosperidad de la Gran Asia Oriental

El programa de conquista de gran alcance de Kita Ikki fue adoptado por el régimen imperial y se le dio el nombre de **La Esfera de Co-prosperidad de la Gran Asia Oriental**. El subsiguiente «Plan de disposición de tierras» emitido por el ministro de la Guerra en diciembre de 1941, ofrecerá alguna idea sobre las ambiciones del régimen.

FUI FUSILADO POR SER EXTREMISTA DE DERECHAS; PERO EL RÉGIMEN IMPERIAL ERA IGUALMENTE FASCISTA EN SU PROPIO PROGRAMA.

### PLANES PARA EL NUEVO ORDEN EN EL ESTE ASIÁTICO Y EN LOS MARES DEL SUR

1. Regiones que se encontrarán bajo la jurisdicción del Gobierno General de Formosa:

Hong Kong
Macao (por comprar)
Islas Filipinas
Islas Paracelso
Isla Hainan (por comprar a China).

2. Que serán administradas por la Oficina de Gobierno de los Mares del Sur:

Guam
Nauru
Banaba
Islas Gilbert
Wake.

3. El Gobierno General de la Región de Melanesia o Gobierno General del Pacífico Sur (títulos provisionales):

Nueva Guinea (los territorios objeto del mandato británico y australiano sitados al Este de la Longitud 141° E.).
El archipiélago del Almirantazgo
Nueva Bretaña, Nueva Irlanda y las islas vecinas
Las Salomón
Archipiélago de Santa Cruz
Islas Ellice
Islas Fiji
Nuevas Hébridas
Nueva Caledonia
Isla de la Lealtad
Isla Chesterfield.

4. Gobierno General del Pacífico Este:

Hawaii
Islas Howland, Baker y Fénix
Islas Marquesas e islas Tuamotu, Islas de la Sociedad, Cook e Islas Australes
Samoa
Tonga.

5. Gobierno General australiano:

Toda Australia y Tasmania.

6. Gobierno General de Nueva Zelanda (título provisional):

Las islas Norte y Sur de Nueva Zelanda
Isla Macquarie
El mar al Sur del Trópico de Capricornio y al Este de la Longitud 160° E., hasta la región del Polo Sur.

7. Gobierno General de Sri Lanka:

Sri Lanka; e India al Sur de la frontera siguiente: desde la Costa Oeste de la frontera Norte de la Goa portuguesa, continuando hasta el Norte de Dharwar y Bellary y hasta el río Pennar, y a lo largo de la Ribera Norte del Pennar hasta la Costa Este en Nellore
Islas Laquedivas
Islas Maldivas
Islas Chagos
Seychelles
Mauricio

8. Gobierno General de Alaska:

Alaska
La provincia de Yukon, y la tierra entre esa provincia y el río Mackenzie
Alberta
Columbia Británica
El Estado de Washington.

9. Gobierno General de América Central:

Guatemala
San Salvador
Honduras
Honduras británica
Nicaragua
Costa Rica
Panamá
Colombia, y el distrito de Maracaibo en Venezuela
Ecuador
Cuba
Haití
Dominica
Jamaica
Bahamas
El futuro de Trinidad, Guayana británica y holandesa y las posesiones británicas y francesas en las Islas de Sotavento a decidir por acuerdo entre Japón y Alemania tras la guerra.

10. En el caso de que declare la guerra a Japón, México debe ceder el territorio al Este de la Longitud 95° 30'. En el caso de que Perú se una a la guerra contra Japón debe ceder el territorio al Norte de la Latitud 10°; y si Chile entra en la guerra deberá ceder la zona de salitre al Norte de la Latitud 24°.

Estados independientes:

1. Reino de las Indias Orientales: todas las posesiones holandesas en las Indias Orientales
Las Británicas Borneo, Labuan, Sarawak,
Brunéi
Cocos
Islas de Navidad
Andamán
Nicobar
Timor portuguesa (por comprar).
2. Reino de Birmania:
Birmania británica y Assam, junto con parte de Bengala entre el Ganges y Brahmaputra.
3. Reino malayo
4. Reino de Tailandia
5. Reino de Camboya:
Camboya y Cochinchina francesa
6. Reino de Annam:
Annam, Laos y Tonkín.

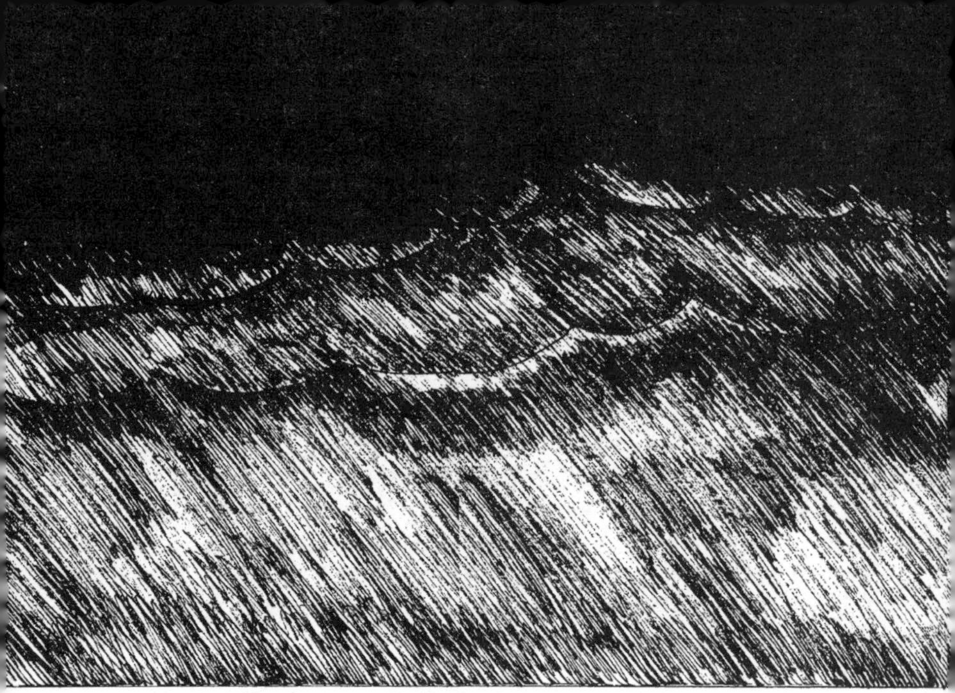

El régimen militarista imperial condujo al pueblo japonés al desastre trágico y a una derrota incondicional.

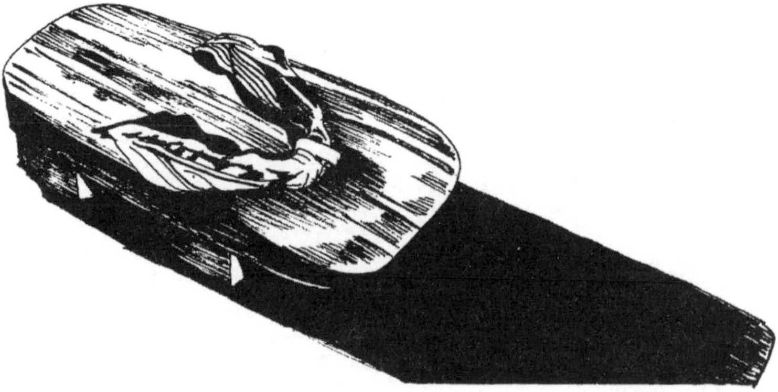

Un único bombardeo de napalm sobre Tokio el 10 de marzo de 1945 mató a 124.000 personas: más que las cifras de la bomba-A y más del doble del total de las bajas americanas durante toda la guerra.

## El balance del fascismo

Los regímenes de Italia, Alemania, España y Japón eran superficialmente distintos, partiendo de diferentes historias y tradiciones. Pero tenían en común algunos o todos de los siguientes puntos:

1. Una filosofía política que era un compuesto de ideas radicales y misticismo, de lemas que sonaban como si fueran de la izquierda y políticas conservadoras.
2. Un Estado fuerte con un ejecutivo poderoso que no necesitaba de la consulta democrática antes de actuar, combinado con un odio a la democracia burguesa.
3. Odio al comunismo y al socialismo como movimientos políticos basados en la idea de las diferencias y antagonismos de clase. Contra esta idea, el fascismo buscó sustituir todo lo anterior por un Estado corporativo que negaba que hubiera una divergencia de intereses de clase entre capital y trabajo.
4. La formación de un partido de masas de acuerdo con líneas paramilitares que reclutaba sus efectivos de parte de la clase trabajadora descontenta y desprotegida.
5. La admiración por el poder y la acción que encontraba su expresión en el culto a la violencia. El entrenamiento para la guerra y la violencia dio rienda suelta a características sadistas y patológicas.
6. Los programas autoritarios que subrayaban la conformidad, la disciplina y la sumisión. La sociedad estaba militarizada y dirigida por un líder mesiánico.

7. El cultivo de la irracionalidad: el impulso era más importante que el pensamiento lógico. La irracionalidad condujo al culto a la muerte, véase el lema de la España fascista: **¡Viva la muerte!**
8. Nostalgia por el pasado legendario. Por ejemplo, en el caso de Italia, el Imperio romano. En Alemania, una atracción por los mitos de los Nibelungos. Las iniciales SS fueron escritas en letras rúnicas de tiempos de los vikingos. Japón resucitó el código medieval del **samurái**.
9. Aversión a los intelectuales, a quienes el fascismo acusaba de socavar las antiguas certezas y los valores tradicionales.
10. El fascismo afirmaba honrar la dignidad del trabajo y el papel del campesinado como proveedor de los productos básicos para la vida. Todo ello iba de la mano de una imagen idealizada del mundo rural: el campo saludable enfrentado a la ciudad decadente.
11. Machismo. Las mujeres estaban relegadas al papel femenino tradicional como amas de casa, sirvientas, enfermeras y criadoras de los guerreros «racialmente puros» para la maquinaria de guerra del Estado.
12. El fascismo estaba subvencionado frecuentemente por grandes industrialistas y propietarios de tierras.
13. El apoyo electoral del fascismo provino, sobre todo de la clase media: en particular de la clase media-baja afectada por la crisis económica.
14. El fascismo necesitó enemigos como chivo expiatorio: «el Otro» sobre quien la sociedad centró sus agresiones y odios.

## El chivo expiatorio esencial del fascismo

En la mayoría de las sociedades a lo largo del mundo, «el Otro» desempeña un papel negativo crucial. El «Otro» puede ser protestante o católico, hindú o musulmán, serbio o croata, blanco o negro, inmigrante o víctima del SIDA. El «Otro» se distingue mediante diferencias raciales y culturales que pueden incluir el color de la piel, las creencias, los hábitos alimenticios y las costumbres sexuales. El «Otro» es, por definición, **diferente** e **inferior**.

Los fascistas distinguen varios grupos en esta categoría de la «Otredad».

EL OTRO
NEGROS, GITANOS, ESLAVOS, KOREANOS y CHINOS por cuestiones raciales.
HOMOSEXUALES por la cuestión de las desviaciones.
INTELECTUALES porque tienen ideas extravagantes sobre la cultura.
¡CUANDO ESCUCHO LA PALABRA CULTURA SACO MI REVÓLVER!

Mariscal del Reich Hermann Göring.

Para el fascista europeo, los judíos encarnaban la «Otredad». Los judíos tenían su propia religión, su propia cultura, comunidades cerradas, leyes dietéticas, códigos de vestimenta y comportamiento.

## La conferencia de Wannsee

POR UN LADO, LOS JUDÍOS SE DEDICAN A LAS FINANZAS, SON PROPIETARIOS DE GRANDES ALMACENES Y COMPETIDORES EMPRESARIALES...
POR OTRO, NOS SABOTEAN CON ACTIVISMO DE IZQUIERDAS, PERIODISMO Y CONTROLANDO LA INDUSTRIA DE ENTRETENIMIENTO.

Se creía que los judíos trenzaban alianzas a lo largo de todo el mundo, controlando las finanzas internacionales y los movimientos internacionales de izquierdas. En esta visión paranoica de los nazis, a esto se le sumaba la «conspiración sionista». Los judíos infectaban la sociedad y tenían que ser eliminados.

El 20 de enero de 1942, Reinhard Heydrich, jefe del Servicio de Seguridad (SD) y el «verdugo» favorito de Hitler, convocó a una conferencia en Wannsee, cerca de Berlín, a algunos de los 15 nazis de mayor rango.

De acuerdo con las políticas establecidas por el Führer, había llegado finalmente el momento de resolver la cuestión judía.
Hay alrededor de 11 millones de judíos implicados en esta solución final.
Incluso en Japón, donde se desconocía a los judíos, el régimen inventó una conspiración «judeo-masónica-bolchevique» para justificar su ataque a China. Un delegado japonés enviado en 1938 al Congreso *Weltdienst* en Alemania declaró...
¡Los soldados japoneses están muriendo para salvar el mundo de esta conspiración!

## ¿Cuáles son los atractivos del fascismo?

Libros, películas y la televisión han creado muchos estereotipos del fascismo a lo largo de los años. Los fascistas se describen como autómatas sádicos con botas altas. Hay parte de verdad en esta caricatura, pero claramente no encaja con el gran número de personas que se unió a los partidos fascistas. ¿Qué atrajo a esta gente «ordinaria» hasta el fascismo?

# FASCISM

Paradójicamente, la inmersión en la masa te otorga identidad, el poder compartido de la nacionalidad y de la raza. El fascismo apela al romanticismo de la juventud, al reclamo del autosacrificio por una causa común, el redescubrimiento de la camaradería en la batalla.

Las diferencias sociales desaparecen en la experiencia desinteresada del peligro, malestar y sufrimiento.

¡El fascismo ofrece un ENEMIGO claro e identificable!

## La «ecología» del fascismo

El fascismo está marcado por la nostalgia: un anhelo de los «buenos tiempos» anteriores a la Revolución industrial. La cultura alemana especialmente tiene una tradición del romanticismo del siglo XIX fuertemente crítica con la sociedad industrial.

## Fuerza a través de la alegría

Las Juventudes Hitlerianas hacían excursiones por Alemania en los años 30 representando el elemento «verde» en la ideología nacionalsocialista.

El vínculo masculino era fuerte en las Juventudes Hitlerianas y en su equivalente italiano, la **Balilla**. También había movimientos femeninos, como el nazi ***Bund deutscher Mädel*** [BDM] (Liga de Muchachas Alemanas).

## LOS MEDIOS DE COMUNICACIÓN:
### Cómo el fascismo se hizo atractivo

El fascismo llegó al poder en una época en la que los políticos aún confiaban en los mítines de masa y en la oratoria para inspirar a sus seguidores.

Pero la prensa ya estaba disponible como un arma política, refinada y explotada tanto por la izquierda como por la derecha.
HICIMOS DEL DISCURSO EN PÚBLICO UNA OBRA DE ARTE.
ANTES DE LA REVOLUCIÓN DE 1917, NOSOTROS LOS BOLCHEVIQUES INTRODUJIMOS DE CONTRABANDO EN RUSIA NUESTRO PERIÓDICO ISKRA.
Y DESPUÉS, PERIÓDICOS COMO PRAVDA E IZVESTIA SE CONVIRTIERON EN INSTRUMENTOS DE PROPAGANDA IMPORTANTES.
EN LOS AÑOS ANTERIORES A 1914, FUI EDITOR DEL PERIÓDICO DEL PARTIDO SOCIALISTA AVANTI!
EL PARTIDO SOCIALISTA POSEE EL PERIÓDICO QUE CIRCULA MASIVAMENTE VÖLKISCHER BEOBACHTER, ¡Y CONTROLA RIGUROSAMENTE A TODA LA PRENSA!

El desarrollo del ***agitprop*** en la Rusia revolucionaria explotó el uso de los nuevos medios de comunicación de masas, la radio y el cine.

La radio podía alcanzar una audiencia más amplia que cualquier reunión pública; ¡y podía cruzar fronteras!

Pero se la limitaba con facilidad mediante el control del gobierno.

Los aparatos de radio en los períodos de guerra en Italia se modificaban para captar solamente longitudes de onda oficiales... ¡y después se sellaban oficialmente! La fabricación en Alemania de la «radio del pueblo» reconoció su importancia a la hora de comunicar los discursos del líder.

## El cine

En Italia, Alemania y en la Unión Soviética, el cine se reconoció y explotó pronto como instrumento de propaganda.

Bajo los nazis, la industria cinematográfica alemana, altamente desarrollada, produjo muchas películas de entretenimiento de masas con temas propagandísticos (por ejemplo, antisemitismo, vida campesina saludable, batallas heroicas).

Los documentales de la directora altamente cualificada Leni Riefensthal (1902-2003) representaron de forma artística tanto el mitin gigante de Núremberg de 1934 como los Juegos Olímpicos de Berlín de 1938.

Compara el mitin nazi
con los musicales
de Hollywood de Busby
Berkeley.
Ambos explotan
la coreografía
de la **despersonalización**.

## La pornografía de la muerte

El equipamiento fotográfico alemán era muy avanzado. Las primeras cámaras de mano de películas de 16 mm se usaron en todos los frentes.

Los soldados alemanes tomaron infinitas «instantáneas» de fusilamientos, ahorcamientos y selecciones de prisioneros para la cámara de gas: la evidencia irrefutable del genocidio. Esto explica parcialmente por qué los crímenes del ejército alemán y de las SS estén documentados de forma tan exhaustiva. Los prisioneros de guerra alemanes a menudo se encontraban con ejemplos de esta **pornografía de la muerte** como *souvenirs*.

Las grabaciones visuales nazis del sufrimiento y de la muerte fueron precursores del porno actual de los «vídeos *snuff*» y de la «televisión *reality*» promovidos ahora en el canal americano NBC.

***Signal***, una revista nazi de la época de guerra con circulación masiva en la Europa ocupada, utilizó los últimos desarrollos en la fotografía a color.

***Signal*** presentaba a sus lectores imágenes de propaganda: «la *Wehrmacht* en su lucha histórica contra el bolchevismo»; «el heroísmo de las tropas alemanas en el frente».

Las técnicas de diseño de ***Signal*** fueron adaptadas después de la guerra por publicaciones de masas como ***Paris Match***.

## Las bellas artes

A pesar de que el programa económico nazi favoreció la industria pesada sobre la agricultura, los temas de la vida campesina, el trabajo honesto y la maternidad fueron oficialmente avalados por las bellas artes.

Otro foco de interés fue la figura humana, realista y pomposamente heroica.

Los desnudos masculinos estuvieron fuertemente teñidos de homoerotismo. Las figuras femeninas eran anatómicamente precisas, versiones idealizadas de imágenes de las revistas nudistas.

El erotismo que se desliza fácilmente hacia la pornografía.

Estas imágenes «saludables» se supone que combatían el «arte degenerado» del modernismo.

¡NO PUEDES OBTENER UNA VISIÓN POSITIVA DE LA VIDA DESDE UN ARTE DEGENERADO DE JUDÍOS, BOLCHEVIQUES Y NEGROS!

Y, ¿cuáles eran las «imágenes positivas» de la vida de los nazis?

El hombre y la mujer nórdicos: ¡rubios, fuertes, atléticos, heroicos! El soldado de primera línea: ¡severo, resoluto, romántico!

## Nostalgia del futuro

Italia estaba menos avanzada industrialmente hablando que Alemania. El futurismo, un movimiento modernista temprano, celebraba la era de la máquina que cambiaría radicalmente a la retrasada Italia. El futurismo, con su «nostalgia del futuro», se alimentó en el fascismo. Su teórico principal fue F.T. Marinetti, quien glorificaba la estética de la guerra y la belleza de los bombardeos aéreos.

**Del Manifiesto Futurista de Marinetti (1909)**

*«Todos glorificamos la guerra —la única higiene del mundo— el militarismo, el patriotismo, el gesto destructivo de los portadores de libertad, las bellas ideas por las que merece la pena morir, y el desprecio por la mujer».*

*«Un coche de carreras cuyo capó está adornado con grandes tubos como serpientes de aliento explosivo —un coche que ruge que parece circular sobre metralla— es más bello que la victoria de Samotracia».*

*«Cantemos un himno al hombre*
*de la rueda, quien arroja la lanza*
*del espíritu a través de la tierra a lo largo*
*del círculo de su órbita».*

## La caricatura

El fascismo explotó la larga y vergonzosa tradición europea de la caricatura antisemita y racista.

YA DESDE SHYLOCK DE SHAKESPEARE.

La propaganda fascista italiana también caricaturizó a las mujeres negras de sus colonias como recompensas de conquista sexualmente disponibles...

... y, más tarde, con la invasión aliada del Sur de Europa en 1943, a los soldados negros sexualmente amenazantes como violadores. El angloamericano opulento y decadente fue otra imagen italiana.

## Símbolos y rituales

La palabra «esvástica», derivada del sánscrito ***svasti***, «bienestar», denotaba un antiguo símbolo del sol. El símbolo de los alemanes «puros» que descendían de un pueblo ario mítico.

Uno de los muchos símbolos fascistas.

Y sus muchos rituales...

— Participación en manifestaciones y ceremonias masivas

— Juramentos públicos de lealtad besando la bandera nacional

— El culto fascista de la muerte

— Al pasar lista era costumbre responder «presente» tras los nombres de los camaradas muertos

## Arquitectura

La arquitectura del Estado fascista era grandiosa y clásica, mirando retrospectivamente hacia el esplendor del Imperio romano.

El complejo de edificios EUR42 a las afueras de Roma fue planeado para ser el emplazamiento de la gran Exposición Universal de Roma (***Esposizione Universale Romana***) en 1942.

La arquitectura italiana, como sucedía en la literatura y en las artes, difería de la alemana al estar influenciada por el modernismo futurista que tomó en serio la pretensión fascista de ser «revolucionario». El resultado fue un estilo que iba en contra de la pomposa arquitectura «imperial» y produjo algunos edificios y planificación urbanística excelentes.

## ¿El fin del fascismo?

En 1944 varios oficiales de alto rango alemanes se vieron involucrados en una conspiración para derrocar a Hitler cuando quedó claro que la guerra se iba a perder.

El fascismo alemán fue derrotado no por la oposición interna, sino por las fuerzas armadas externas: principalmente por el Ejército Rojo que sufrió enormes pérdidas en su avance desde Stalingrado hasta Berlín.

La rama japonesa del fascismo también fue derrotada por las superiores Fuerzas Aliadas.

El fascismo español se fue mitigando bajo las fuerzas sociales y económicas de posguerra: principalmente bajo la presión de los Estados Unidos y de la alianza de la OTAN que deseaban un Mediterráneo seguro en la época de la Guerra Fría.

El caso de Italia es diferente (como veremos más adelante).

La Victoria Aliada vio el fin de ciertos **tipos** y **estilos** de fascismo. No hay razón para suponer que no puedan emerger otros tipos de fascismo con estilos diferentes y, posiblemente, menos fáciles de identificar.

Creer que la Victoria Aliada «acabó con el fascismo» depende de aceptar que tal victoria realmente cambió las estructuras económicas y sociales de los antiguos países fascistas y sus colaboradores. ¿Realmente tuvo lugar este cambio?

Miremos a Japón después de su rendición incondicional en 1945.

## El Curso Inverso y la Guerra Fría

TENEMOS UN NOMBRE PARA LO QUE PASÓ REALMENTE EN LOS PRIMEROS AÑOS DE OCUPACIÓN AMERICANA EN JAPÓN: GYAKU KOSU.
SIGNIFICA EL «CURSO INVERSO» EN LA POLÍTICA AMERICANA.
LO QUE TENEMOS QUE HACER AHORA NO ES UN MUNDO SEGURO PARA LA DEMOCRACIA, SINO SEGURO PARA LOS ESTADOS UNIDOS.

El «cambio» más importante en la época de posguerra fue la Guerra Fría, dirigida principalmente por el gobierno americano y sus agencias contra el bloque del Este soviético.

El secretario de los Estados Unidos James Byrnes expresó el objetivo real de la política exterior americana de posguerra de forma más clara.

¿Cómo se relaciona este «curso inverso» con «hacer del mundo un lugar seguro para los Estados Unidos?

En 1945, los Aliados y los demócratas del New Deal de Washington se habían centrado en dos reformas democráticas principales de Japón.

1. Arrancar de raíz todos los elementos fascistas en todos los departamentos del gobierno, el ejército, las financias y la industria.

2. Desmantelar los gigantes monopolios ***zaibatsu*** en las finanzas y en la industria que se habían implicado en la maquinaria de guerra japonesa y crear una economía de empresa genuina democrática y libre.

¿Se completaron estas reformas?

## El último Shogun de Japón

El general Douglas MacArthur, como Comandante Supremo de las fuerzas de ocupación norteamericanas en Japón hasta 1951, tenía en la práctica poderes autónomos en la toma de decisiones.

JAPÓN DEBE CONVERTIRSE EN UN ALIADO ÚTIL EN NUESTRA GUERRA CONTRA EL COMUNISMO.
LO QUE IMPLICÓ QUE JAPÓN NO SE REFORMÓ.
Hubo una «purga» muy poco efectiva de los elementos fascistas en la burocracia, la política y en las grandes empresas.

En lugar de liquidar las organizaciones de derechas proscritas, la Sección de inteligencia militar G-2 las empleó para investigar las actividades comunistas.

Los cárteles gigantes (Nissan, Mitsubishi, Toshiba, etc.) no fueron desmantelados, sino apoyados por grandes inversiones empresariales norteamericanas.

La Guerra Fría pronto se convirtió en una desagradable pequeña guerra caliente en Corea (1950), que introdujo a la China roja en el conflicto. La guerra contra el comunismo también continuó en la colonia francesa de Indochina y la británica en Malasia: fases previas que se acumularon hasta llegar a Vietnam.

LOS ESTADOS UNIDOS CONTRIBUYERON CON LA MAYORÍA DE LAS FUERZAS EXPEDICIONARIAS DE LAS NACIONES UNIDAS EN COREA.
¡NO ES LA PRIMERA VEZ QUE AMÉRICA USA LAS NACIONES UNIDAS COMO UNA TAPADERA PARA PROMOCIONAR SUS PROPIOS INTERESES!

Esto explica el «milagro económico» de la recuperación de Japón.

**Las fuerzas armadas que no existen**

Las fuerzas armadas japonesas (llamadas ***jieitai*** o fuerzas de autodefensa) se cuentan entre las más numerosas y eficientes del mundo. Pero el *jieitai* se supone que no existe. De acuerdo con el artículo 9 de la Constitución de paz impuesta por la ocupación:

Artículo 9
… el pueblo japonés renuncia para siempre a la guerra como un derecho soberano de la nación... fuerzas armadas de tierra, mar, y aire, así como cualquier otro potencial de guerra, nunca se mantendrán. El derecho a la beligerancia del Estado no quedará reconocido.
El 25 de noviembre de 1970, el escritor y candidato al premio Nobel, Yukio Mishima, con tres miembros de su fuerza paramilitar privada compuesta por cadetes, secuestró a un general a punta de espada en unos cuarteles generales militares en Tokio.
¡EXIJO DIRIGIRME A TODO EL PERSONAL DEL CUARTEL GENERAL!
El discurso de Mishima fue un llamamiento a derrocar la Constitución de paz y a restaurar al Emperador en el poder mediante un golpe de Estado. Señaló a la evidente contradicción de un ilegal «ejército en la sombra».

EL JIEITAI PROTEGE LA INSTITUCIÓN MISMA QUE NIEGA SU DERECHO A EXISTIR: ¡LA CONSTITUCIÓN DE PAZ!

Mishima fracasó a la hora de incitar una rebelión militar. En las oficinas generales, cometió el ritual ***seppuku*** (*hara-kiri*). Muchas preguntas sobre el acto de terrorismo de Mishima han quedado sin respuesta. En concreto, ¿cómo es que él, como ciudadano privado, consiguió permiso oficial para entrenar su fuerza ilegal de cadetes paramilitares de forma conjunta con el *jieitai*? Las sociedades paramilitares de derechas no eran infrecuentes en su época, pero se han vuelto más evidentes desde entonces como guardaespaldas de políticos de derechas en combinación con la ***yakuza*** de los bajos fondos al estilo de la mafia.

El 16 de octubre de 1992, el ***International Herald Tribune*** informó de que el comandante del *jieitai* Shinsaku Tanai hizo un llamamiento a dar un golpe de Estado «para limpiar Japón de la corrupción».

## ¿Y en la Alemania ocupada?

A pesar de que la purga de oficiales nazis en las Zonas Aliadas de ocupación fue inicialmente más efectiva (2,5% de la población alemana se vio afectada en el sector norteamericano solamente, frente al 0,29% en todo Japón), pronto se detuvo. De nuevo, como en Japón, el programa para desmantelar los enormes monopolios industriales dio marcha atrás y la Alemania Occidental fue reconstruida rápidamente como un aliado norteamericano en la Guerra Fría.

EN LA BÚSQUEDA DE NUESTRA POLÍTICA ANTISOVIÉTICA, ESTÁBAMOS PREPARADOS PARA PASAR POR ALTO LOS CRÍMENES DE GUERRA DE ALGUNOS ANTIGUOS NAZIS.

Los científicos alemanes que inventaron los cohetes V usados para bombardear Londres fueron reclutados para ayudar a la NASA a desarrollar la cohetería americana.

Se hicieron cargo de las agencias de inteligencia establecidas por los nazis.

En marzo de 1964, Heinrich Lübke, el presidente de la República Federal de Alemania, premió al industrial Heinrich Bütefisch con el ***Grosses Bundesverdienstkreuz*** (Cruz Federal al Mérito), el mayor honor civil. Lübke había diseñado campos de concentración y organizado trabajo esclavo para la producción de cohetes V. Bütefisch había sido declarado culpable en los Juicios de Nuremberg por su participación en el campo especial de IG Farben en Auschwitz: un campo de exterminio dirigido por las SS en asociación con la (por entonces) mayor corporación industrial europea.

Siemens había llegado a un acuerdo con las SS para obtener mano de obra barata en Auschwitz, Buchenwald y Ravensbruck. BMW obtuvo su mano de obra esclava de Dachau, IG Farben construyó su propio campo de concentración junto a Auschwitz. IG Auschwitz (como lo llamaban los directores) fue diseñado para producir goma artificial. Al menos 50.000 reclusos murieron construyendo la fábrica.

IG Auschwitz fue la mayor inversión de la compañía con un coste de 250 millones de dólares en precios de 1941.

## ¿Y qué pasó con los antiguos colaboradores?

Tomemos un ejemplo de la Francia de Vichy.

En 1942, Maurice Papon era secretario general de la prefectura del departamento de la Gironda con su capital en Burdeos. Fue responsable de la deportación de 1.690 judíos de la zona. En 1961 era Jefe de la policía de París cuando fueron asesinados 200 manifestantes argelinos pacíficos. En 1981 era ministro del Presupuesto en el gobierno de Giscard d'Estaing.

Papon no es un caso aislado de un antiguo y no purgado colaborador de Vichy. Hay cientos como él, tanto criminales de guerra mayores como menores, que quedaron sin procesar.

## Refugio y rutas de escape

En los años inmediatos de posguerra, muchos fascistas que sobrevivieron a la derrota militar y al colapso de los regímenes totalitarios se encontraban aún en libertad y con frecuenta en posiciones de autoridad.

Inicialmente, gran parte de la actividad fascista se limitaba a salvar y dar refugio a importantes figuras de las antiguas organizaciones fascistas y a formar enlaces a lo largo de las fronteras.

La España de Franco, el Portugal de Salazar y varios países sudamericanos eran refugios seguros para los fascistas fugitivos. Italia también ofreció rutas de escape con la complicidad del Vaticano. En la parte de la Francia de Vichy donde había gobernado Pétain, la Iglesia refugió a criminales de guerra nazi.

## El caso de Italia

La derrota del fascismo en Italia tomó un curso único. El 10 de julio de 1943, las fuerzas angloamericanas desembarcaron en Sicilia, ayudadas materialmente por la mafia. En julio de 1943, el rey Víctor Manuel cesó a Mussolini en su cargo.

El mariscal Badoglio, un monárquico de derechas, alcanzó un armisticio con los Aliados en el Sur de Italia y se unió a ellos en la guerra contra la Alemania nazi.

En el Norte, bajo la ocupación alemana, Mussolini estableció el gobierno marioneta de la República de Salò.

La lucha armada de la resistencia italiana en el Norte iba dirigida tanto contra las fuerzas republicanas de Salò como contra el ejército alemán.

Winston Churchill estaba decidido a socavar las demandas sociales y políticas de la Resistencia.

¡NO PERMITO ESTE «VIENTO DEL NORTE»!
PERO OFRECERÉ INMUNIDAD A LOS ULTRACONSERVADORES ITALIANOS A CAMBIO DE SU OBEDIENCIA.

El rey Víctor Manuel, manchado por su asociación con Mussolini, abdicó en favor de su hijo Umberto. El desagrado popular con la monarquía quedó patente en el referéndum de 1947, cuando Italia optó por una república.

PERO POR LO DEMÁS, NO HUBO UNA RUPTURA CLARA CON EL PASADO.
REPÚBLICA
PERO LOS BRITÁNICOS BLOQUEARON CUALQUIER INTENTO DE LLEVARLOS ANTE LA JUSTICIA.
CRÍMENES DE GUERRA

Los abisinios, griegos y yugoslavos tenían listas de criminales de guerra, incluyendo a Badoglio y otros oficiales de alto rango.

El deseo de los Aliados de alcanzar una transición suave desde la Guerra Fría hasta la nueva democracia implicó que las leyes fascistas permanecieron en los códigos, y que los jueces y funcionarios fascistas mantuvieran sus cargos. Los prefectos fascistas (los representantes provinciales del gobierno central) se mantuvieron en el poder, así como los jefes fascistas de la policía.

A pesar de que Gran Bretaña era el poder dominante en las últimas fases de la guerra en Italia, en el tiempo de paz los EEUU emergieron como el patrocinador de la derecha democrática, subvencionando los sindicatos de derechas, inyectando dinero y propaganda en época electoral, y con la determinación de bloquear a la izquierda.

Los miedos americanos a una posible victoria electoral comunista en 1948 debido a su papel destacado en la Resistencia condujeron a intervenciones a gran escala del gobierno de los EEUU y de sus servicios secretos. Fueron reclutados fascistas famosos, financiados y armados por la organización clandestina en la sombra **Gladio** (la espada), establecida para ser usada contra la izquierda y la amenaza imaginaria de una invasión soviética de la Europa Occidental. Estos elementos formaron alianzas peligrosas con ramas en los servicios secretos y el ejército italianos apoyadas por la CIA.

## Consecuencias de la política de la Guerra Fría en Italia

Ayuda a explicar lo que ocurrió después en Italia el que existiera un estado de tensión no resuelta entre los demócratas de izquierda, de derecha y de centro.

En este clima político, pronto surgió el primer partido neonazi. Llamado el **Fronte dell'Uomo Qualunque** (Frente del hombre común), financiada por jefes locales del Sur y por antiguos fascistas.

## La masacre de los comunistas en Sicilia

A pesar de la intimidación por parte de la Iglesia, los propietarios feudales y sus pistoleros de la mafia, los campesinos sicilianos votaron el 20 de abril de 1947 contra los demócratas cristianos y a favor de una reforma agraria inspirada en el comunismo.

Los propietarios y la mafia se dirigieron a Salvatore Giuliano en busca de ayuda. Giuliano, con 23 años el «rey de los bandidos», había comenzado su carrera como un Robin Hood que soñaba con una independencia separatista de Sicilia.

Bajo las órdenes de los barones de la mafia, el grupo de Giuliano ametralló en Portella della Ginestra durante la manifestación del Primero de Mayo de 1947, con el resultado de 11 muertos y 55 heridos.

¿QUIEREN TIERRA? SE LA DAREMOS: ¡A DOS METROS BAJO EL SUELO!

Los planes de la masacre de Giuliano eran conocidos por la policía, los jefes demócrata cristianos y las agencias de inteligencia aliadas.

La afiliación al **Fronte** fue pronto absorbida por el ala derecha de la democracia cristiana y por el primer partido neofascista importante en Europa Occidental, el MSI (Movimento Sociale Italiano). Como el **Fronte**, el MSI surgió en el Sur, que no había experimentado ni una larga ocupación alemana ni la resistencia.

En los años 1970, el neofascismo se convirtió en una amenaza real para la república democrática nacida de la resistencia.

Los años 70 fueron una época de recesión económica severa en Italia. Los demócratas cristianos de derechas y el partido comunista se encontraban en un punto muerto en el equilibrio del poder: el clima de tensión ideal para el escenario de terrorismo que se desataría entonces.

## La muerte accidental de un anarquista

En diciembre de 1969 explotó una bomba en un banco de Milán, matando a 16 personas e hiriendo a 88.
ARRESTAMOS A UN FERROVIARIO (EL ANARQUISTA PINO PINELLI) QUE ESTABA BAJO SOSPECHA.
Dos días más tarde, Pinelli «cayó» desde la ventana de las oficinas del cuarto piso del comisario de policía que estaba investigando el caso.
SUICIDIO, OBVIAMENTE.
Más tarde se supo que los responsables del atentado habían sido neofascistas con vínculos con el servicio secreto (SID) y el MSI (por entonces, un partido pequeño, pero con asientos en el Parlamento).

## Un intento de golpe de Estado

En diciembre de 1970, el príncipe Julio Valerio Borghese, excomandante de una famosa y sanguinaria unidad antipartisana de la República de Salò, en 1944-45, ocupó el Ministerio del Interior con antiguos miembros del regimiento de paracaidistas dirigido por un político del MSI. Este intento de golpe de Estado no se reveló hasta marzo de 1971, junto con la evidencia de que Borghese era miembro de **Gladio**, sus conexiones con el ejército y la jefatura del servicio secreto.

En 1974, cuatro generales fueron acusados de complicidad. Todos fueron absueltos.

Otros grupos neofascistas ajenos al parlamento, como el **Ordine Nuovo** (Nuevo orden, una escisión del MSI) y los **Nuclei Armati Rivoluzionari** (Núcleos armados revolucionarios) estuvieron involucrados en ataques terroristas a miembros de la judicatura y llevaron a cabo un atentado en la estación de ferrocarril de Boloña en 1980, matando a 86 personas.

Se culpó de estas y otras atrocidades a la extrema izquierda, como las Brigadas Rojas, en un esfuerzo por promover una «amenaza roja». La subversión roja fue, de hecho, orquestada por «la evasión negra» neofascista, todo ello parte de la continua «estrategia de la tensión» mediante la cual la ultraderecha esperaba crear las condiciones previas para un régimen autoritario usando los vínculos cercanos entre el ejército, los servicios secretos y los neofascistas.

**¡No hagas preguntas embarazosas!**

El 2 de noviembre de 1975, el cadáver destrozado del escritor y cineasta Pier Paolo Pasolini fue descubierto en un descampado en Ostia, cerca de Roma. El veredicto oficial (que Pasolini fue asesinado en un encuentro homosexual) continúa siendo dudoso. A mediados de los años 70, cuando los secuestros, asesinatos y atentados eran comunes, no es imposible que algún neofascista decidiera silenciar a Pasolini, un «marica comunista» sin pelos en la lengua.

LO SÉ TODO SOBRE EL CÓDIGO PENAL FASCISTA QUE AÚN ESTÁ VIGENTE. SE HA USADO EN INCONTABLES OCASIONES EN LA CENSURA Y OTRAS PERSECUCIONES EN MI CONTRA.

Apenas un mes antes de su muerte, Pasolini había hecho las siguientes preguntas en un artículo de periódico (***Corriere della Sera***, 28 de septiembre de 1975).

... sobre la totalidad de la vida democrática italiana se cierne, por un lado, la sospecha de una complicidad de tipo mafioso y, por otro, ignorancia. De aquí nace prácticamente por su propio acuerdo un pacto natural con el poder: una diplomacia tácita del silencio.

Los italianos quieren saber cuál era el papel real del Sifar (1).

Los italianos quieren saber cuál era el papel real del Sid (2).

Los italianos quieren saber cuál era el papel de la CIA.

Los italianos quieren saber hasta qué punto participó la mafia en las decisiones del gobierno de Roma o colaboró en ellas.

Los italianos quieren saber cuál fue la realidad de los denominados «golpes de Estado» fascistas.

Los italianos quieren saber de qué mente surgió, y hasta qué nivel, la idea de «la estrategia de la tensión» (primero anticomunista y después antifascista, de forma indiscriminada).

Los italianos quieren saber quién investigó y es materialmente responsable de las masacres en Milán, Brescia y Boloña.

Pero los italianos (y este es el núcleo de la cuestión) quieren saber todas estas cosas como un todo, junto con todos los demás crímenes potenciales con los que he comenzado la lista. Hasta que no sepan todas estas cosas la conciencia política de los italianos será incapaz de producir una nueva concienciación. Esto quiere decir que Italia no será gobernable.

(1) Inteligencia militar (cambiado de nombre ahora).
(2) Servicio de contrainteligencia (ahora suprimido).

Hacer estas (y otras) preguntas embarazosas en 1975 habría sido suficiente para que matasen a Pasolini.

## Italia en los años 1990

El MSI se mantiene fuerte hacia el Sur de Italia. Pero en el Norte, más rico e industrialmente avanzado, las «ligas» al estilo fascista comienzan a aparecer en los años 1980. El apoyo a estas «ligas» proviene parcialmente de los votos de la clase trabajadora, desilusionada con la izquierda.
LA IZQUIERDA NOS HA DECEPCIONADO.
NUESTRO SISTEMA PARLAMENTARIO ES CORRUPTO Y NO FUNCIONA.
ESTAMOS CANSADOS DEL PODER DE LA MAFIA...
Y CON LA CARGA ECONÓMICA QUE SUPONEN LOS ITALIANOS DEL SUR.

Las ligas representan el desprecio por el gobierno parlamentario, y algo nuevo: el racismo. El racismo no había sido tradicionalmente un factor de la vida política italiana. Pero ahora hay racismo que apunta hacia los italianos del Sur, los africanos y los marroquíes.

El arzobispo de Rávena advirtiendo contra la «islamización» usa un término clave de la extrema derecha en otros países.

## El caso de España

España vio en los años 1970 un resurgimiento de la violencia fascista. Fue esta una expresión de crisis a medida que el régimen corporativista de Franco cedía a las exigencias de una economía en expansión que necesitaba un sistema político más liberal: un movimiento que conducía hacia la vuelta de la monarquía tras la muerte de Franco.

Comenzaron a surgir fuerzas liberales católicas y de izquierda, e incluso el conservador **Opus Dei** (ver p. 73) se distanció de la antigua Falange.

Los grupos de extrema derecha reaccionaron señalando como objetos de ataque las librerías de izquierdas, las publicaciones católico-liberales y los clérigos.

Los **Guerrilleros de Cristo Rey** cuyos miembros eran estudiantes
Los **Comandos de lucha antimarxista**
**Fuerza Nueva**, una asociación política neofascista
El **Partido Nacionalsocialista Español** declaró a Hitler y Mussolini «defensores de la civilización europea»
CND

El ultraderechismo fue un retroceso nostálgico hacia la dictadura de Franco.

La organización fascista más influyente fue CEDADE (Círculo Español de Amigos de Europa), fundada en 1965, uno de los grupos más activos en Europa con amplios vínculos en otros países. CEDADE fue disuelta en 1993.

## El neonazismo en Alemania

La derrota de Hitler y la prohibición de los partidos fascistas retrasó el surgimiento de fuerzas de extrema derecha. Su reaparición como una tendencia política a tomar en consideración comenzó en 1964 con la fundación del NPD (**Nationaldemokratische Partei Deutschlands** - el Partido Nacional Demócrata Alemán), formado por la amalgama de varios grupos más pequeños. El NPD jugó con los resentimientos de los refugiados del Este y subrayó el concepto de ***Volk***: la comunidad mítica del pueblo alemán.

El NPD tiene fuertes vínculos con el DVU (**Deutsche Volksunion** - la Unión del Pueblo Alemán), que formó la Lista D (de Deutschland - Alemania) en las elecciones europeas de 1989, obteniendo casi medio millón de votos.

El líder de la alianza, Dr. Gerhard Frey, es el propietario de un imperio de la prensa que vierte material buscando revisar la historia de Alemania en tiempos de guerra y eliminar la ***Kriegsschuldlüge***, la mentira de la culpa de la guerra.

Más importante es el REP (Partido republicano) fundado en 1983, cuyo líder Franz Schoenhuber es un antiguo miembro de las Waffen SS. En 1989 el REP obtuvo más de 2 millones de votos en las elecciones al Parlamento Europeo y, por lo tanto, consiguió 6 escaños en Estrasburgo.

Con la fuerza de un 7% mostrada en las encuestas nacionales de opinión y hasta el 10% de los votos en un **Land** alemán, el REP afirma ser un partido conservador establecido. Defiende una Alemania fuerte, el restablecimiento de las fronteras alemanas anteriores a la Segunda Guerra Mundial, renovación moral y espiritual y, sobre todo, un mayor control sobre los extranjeros. El REP intenta distanciarse de los extremismos violentos, pero su auge se ha visto acompañado por cada vez más ataques a los extranjeros.

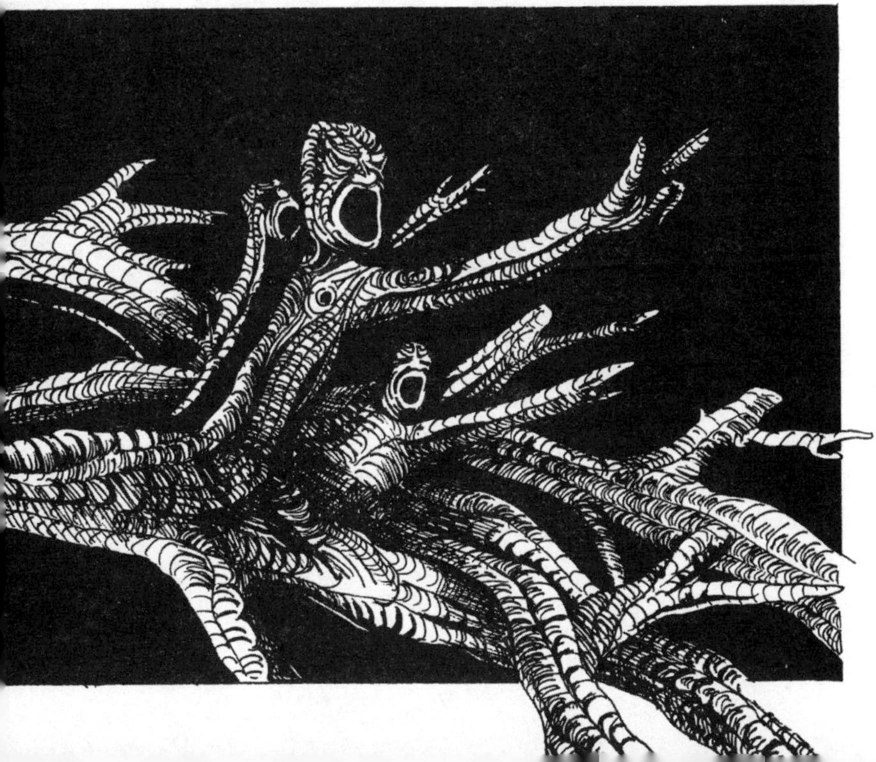

## ¿Qué hay de la violencia neonazi?

Los ataques a los extranjeros aumentaron tras la unificación de las Repúblicas Federal (Oeste) y Democrática (Este) alemanas. En 1991 hubo más de 1.300 casos: un incremento cinco veces mayor. El 30% de estos ataques tuvieron lugar en la antigua Alemania del Este. Los *skinheads* neonazis armados con cócteles molotov, cadenas y bates de béisbol atacaron con frecuencia hoteles, discotecas y campings.

Esta tendencia comenzó en la Alemania Occidental mucho antes de su unificación. Los grupos neofascistas militantes recibieron entrenamiento militar, disponían de grandes alijos de armas, y organizaban ataques a la propiedad extranjera y judía.

Grupos de militantes atacaron un festival de la cerveza en Múnich en 1980, matando a 12 personas.

En la antigua Alemania del Este (la RDA), el racismo ha estado dirigido hacia los trabajadores extranjeros, muchos de ellos vietnamitas.

Los trabajadores y los estudiantes negros, polacos y homosexuales también fueron objeto de odio xenófobo.

Tras la caída del Muro de Berlín, surgieron dos formaciones de la línea dura del neofascismo: **Deutsche Alternativen** (Alternativas Alemanas) y el **Freiheitliche Deutsche Arbeiterpartei** (Partido Libertario Alemán de los Trabajadores).

Las autoridades alemanas calcularon que el núcleo de los activistas fascistas se incrementó desde 22.000 en 1989, hasta 40.000 en 1992. De estos, más de 4.000 fueron descritos oficialmente como «*skinheads* extremadamente violentos».

## Algunas razones para el neonazismo

¿Qué se halla tras el resurgimiento del fascismo en Alemania? Existen ciertos problemas reconocibles que desencadenan una reacción fascista.

La unificación conllevó un gran flujo de alemanes desde el Este, que desembocó en una grave escasez de viviendas.
¡AHORA ESTAMOS PAGANDO EL PRECIO DE GANAR LA GUERRA FRÍA!
HAY RECESIÓN EN OCCIDENTE.

## El colapso de una izquierda alternativa

La Alemania Occidental tenía una oposición efectiva de izquierda en el Partido socialdemócrata (SPD). En el período de posguerra, la presencia crítica del SPD garantizó que el conservadurismo alemán occidental no se desarrollara hasta un nacionalismo de derechas estricto.

El SPD se opuso al rígido comunismo de la Guerra Fría y, en su lugar, promovió la **Ostpolitik**: el diálogo con las dictaduras de la Europa del Este, el precursor del **Glasnost** y la **Perestroika**.

LA GUERRA FRÍA LE OTORGÓ AL SPD UN PAPEL TÁCTICO COMO MEDIADOR.

El reformismo y la moderación del SPD también vacunó a la clase trabajadora de Alemania Occidental contra el virus de la Guerra Fría del comunismo estalinista.

UN COLAPSO DE LA ECONOMÍA EN EL ESTE.
Y DESEMPLEO GENERALIZADO.
Estas son condiciones que fomentan el resentimiento hacia los inmigrantes, los trabajadores extranjeros y los que buscan asilo político: y había muchos en la antigua República Federal.
PERO EL COLAPSO DEL COMUNISMO PRIVÓ AL SPD DE SU PAPEL Y PASÓ A IDENTIFICARSE CON EL «APACIGUAMENTO DEL COMUNISMO».

## ¿Dónde deja esta situación a los conservadores alemanes?

La fuerza conservadora de centro en Alemania Occidental ha sido representada durante mucho tiempo por la democracia cristiana. Los líderes cristiano demócratas han mantenido constantemente que Alemania no es «un país de inmigración» y han hecho campaña bajo el lema «el barco está lleno» para restringir los derechos de asilo político.

Los inmigrantes han sido tratados como forasteros imposibles de asimilar en la sociedad alemana. Este hecho ha fomentado un clima de hostilidad contra los extranjeros que llegó a alcanzar hasta ataques neonazis.

Los cristiano demócratas respondieron a la violencia haciendo más concesiones a los racistas con promesas de controles más estrictos sobre el «problema extranjero».

## El neofascismo en la Europa del Este

Los movimientos fascistas resurgieron rápidamente tras el colapso de los regímenes totalitarios dominados por los soviéticos en la Europa del Este.

Los grupos de *skinheads* que usaban cruces de hierro aparecieron en Hungría. En Eslovaquia surgieron seguidores del sacerdote fascista Tiso, quien gobernó allí durante la guerra.

En Rusia, **Pamyat'** (Memoria), una organización nacionalista antisemita tuvo un fuerte apoyo, aliada con el **Movimiento del Pueblo Ruso Ortodoxo**, monárquico y antisemita.

El **Movimiento de Liberación Ruso** reutilizó la esvástica.

Las publicaciones de derechas hablaban de «sangre blanca», que es diferente de la de los «negros, mulatos y judíos» y de acabar con esos parásitos. Como en Europa Occidental, esos grupos neonazis emergentes tenían conexiones similares con organizaciones en Oriente y en Occidente con quienes compartían ideología.

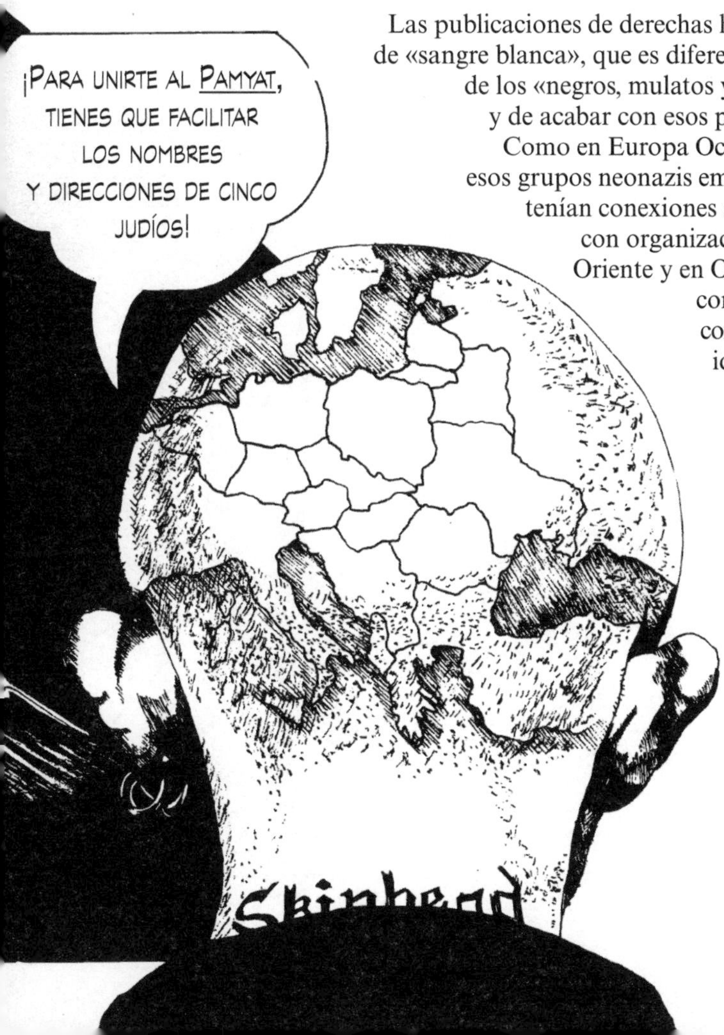

¡PARA UNIRTE AL PAMYAT, TIENES QUE FACILITAR LOS NOMBRES Y DIRECCIONES DE CINCO JUDÍOS!
Skinhead

## El neofascismo en Gran Bretaña

El racismo no era menos activo en Gran Bretaña que en Alemania (y en cualquier otra parte). Cada año tienen lugar en Gran Bretaña alrededor de 70.000 incidentes raciales, desde acosos «menores» hasta cócteles molotov.

Los grupos neofascistas comenzaron a señalar como objetivos de agresión a los inmigrantes negros que llegaban desde el Caribe en los años 1950.

CONTROLES MÁS ESTRICTOS SOBRE LA INMIGRACIÓN.
COMO CIUDADANOS DE LA COMMONWEALTH, TENEMOS DERECHO A ENTRAR EN GRAN BRETAÑA.
¡NO AHORA, CON EL PARO CRECIENDO Y RECORTES EN EL BIENESTAR!

El Sindicato de Transporte y de los Trabajadores en General (TGWU) en una conferencia en 1955.

En 1958 hubo disturbios en Nottingham y en Notting Hill.

Los años 60 y 70 fueron testigo de un éxodo hasta Gran Bretaña de muchos asiáticos expulsados de los países africanos recientemente independizados.

El lema de un candidato Tory a las elecciones de 1964.
SI QUIERES UN NEGRO EN TU VECINDARIO, ¡VOTA A LOS LABORISTAS!
PASSPORT
MON DROIT
OF GREAT BRITAIN
HERN IRELAND
En 1968, Enoch Powell, un ministro del gabinete Tory, dio su famoso discurso «ríos de sangre» advirtiendo contra la entrada de inmigrantes.
ESTO ES COMO VER A UNA NACIÓN OCUPADA EN AMONTONAR SUS PROPIAS PIRAS FUNERARIAS.
El discurso le costó a Powell su puesto en el gabinete. Pero alrededor de 4.000 trabajadores portuarios fueron a la huelga con este lema.
¡ENOCH TIENE RAZÓN!
No es peor que la oferta de algunos políticos laboristas.
¡PAGAREMOS A LOS INMIGRANTES LOS BILLETES DE VUELTA A LA INDIA!

En esta atmósfera de prejuicio racial se fundó el **Frente Nacional** en 1967 como una amalgama de grupos escindidos de extrema derecha. En los años 1970 y 80, el FN se convirtió en el principal partido fascista en Gran Bretaña. ¿De dónde obtuvo a sus miembros?

En 1976, el FN obtuvo un 46% de los votos en Lewisham, un distrito al Sur de Londres con una gran población negra.

HABÍA DESILUSIÓN CON EL PARTIDO LABORISTA EN EL GOBIERNO LOCAL.

Y los votos llegaron como en tiempos previos a la guerra, de la clase media-baja, trabajadores manuales y jóvenes en el paro.

En 1977, el FN planeó una marcha a través de Lewisham.

PEDIMOS AL MINISTERIO DEL INTERIOR QUE SE PROHIBIERA.
¡NO! ES UNA CUESTIÓN DE LIBERTAD DE EXPRESIÓN.
Como en la batalla de Cable Street de 1936, los fascistas se encontraron con una contra manifestación organizada, esta vez, no por el partido comunista, sino por el partido socialista obrero apoyado por jóvenes negros y miembros individuales de los partidos laborista y comunista.
El Ayuntamiento de Lewisham
Merlyn Rees, secretario laborista del Ministerio del Interior.
El Tribunal Supremo también se negó.
La marcha fascista tuvo que dispersarse al amparo de la protección policial. Entonces, la policía atacó a los manifestantes antifascistas, llevando a cabo más de 200 arrestos.

El Frente Nacional realizó grandes esfuerzos para introducirse en los sindicatos y tenía miembros en el ferrocarril y en la fábrica de coches de Leyland.

¡El FN consideró que la Ley de relaciones industriales de 1971 (uno de los primeros pasos del gobierno Tory para controlar a los sindicatos), era demasiado **débil**!

El Frente Nacional fue objeto de escisiones de liderazgo y de rivalidades. A comienzos de los años 1980 surgió el Movimiento británico. Tenía un grupo secreto con una estructura de células denominado **Movimiento nacionalsocialista británico**, con muchas conexiones fuertes en el extranjero. En 1982 se fundó el Partido nacional británico, y ha sido desde entonces la agrupación más importante de la extrema derecha. Es un partido abiertamente nazi cuyas figuras dirigentes tienen condenas criminales importantes, que van desde fabricación de bombas hasta la organización de grupos paramilitares ilegales, la posesión de armas de fuego y delitos contemplados en las leyes de relaciones raciales y de orden público. También existen varios grupos pequeños, algunos de los cuales se han dedicado al tráfico de armas. Una corporación muy influyente es la **Liga de San Jorge**, fundada en 1974. Tiene solamente 50 miembros que son, en su mayoría, muy ricos. Acogió a fascistas alemanes acusados de estar involucrados en actividades terroristas en Italia.

## Una oposición de izquierda al FN

En 1977, la Liga antinazi (ANL) tomó forma a partir de un frente unido de SWP (Supremacía del Poder Blanco) y miembros del Parlamento laboristas de izquierdas.

El apoyo de la ANL entre los sindicatos y partidos laboristas locales, y su alianza con el **Roca contra el racismo** que se ganó el entusiasmo de mucha gente joven, condujo al colapso del FN en las siguientes elecciones locales.

En el nuevo siglo, la cantidad de personas que buscan refugio en Gran Bretaña se ha incrementado enormemente a causa de la Guerra de los Balcanes, por el racismo dirigido contra minorías como los gitanos, y por la privación económica. El tratamiento de estos refugiados se ha convertido en una cuestión política. En algunas áreas de recepción en el Sur de Inglaterra, los refugiados se han convertido en objeto de ataques racistas. En lo que se ha considerado como un período previo a unas elecciones generales que deben tener lugar en 2004, la cuestión se ha debatido en un lenguaje que es a veces intempestivo. Existe un sentimiento de que el partido laborista teme ser considerado como «blando» en el tema. Los conservadores han sido acusados de explotar los prejuicios de base: de hecho, de «robar el trueno» a los extremistas de derechas.

¡El mismo riesgo potencial que hemos visto en Italia y Alemania!
¿Qué pasa si el electorado pierde la paciencia con el «arreglo» conservador?
Y no hay confianza en la izquierda...

## El neofascismo en Francia

El auge de una extrema derecha se hizo patente en los años 1960 cuando los africanos, argelinos y judíos fueron objeto de ataques racistas.

Surgieron pequeños grupos terroristas con nombres como **Frente joven**, **Occidente cristiano**, **Comando Delta**. Sus ataques a personas y tiendas alcanzaron su máximo en los años 80 con más de 60 «acciones» de ese tipo. También se registraron 235 incidentes específicamente antisemitas.

El Frente Nacional (FN) dirigido por Jean-Marie Le Pen es una de las formaciones políticas más importantes. Establecida en 1972, el FN afirma tener ahora 100.000 miembros y 200.000 simpatizantes.

El apoyo al partido FN refleja el patrón de otras formaciones fascistas.

1. Una afiliación de clase media y media-baja abrumadora.
2. Votantes de clase trabajadora desilusionados con la izquierda, en particular con el Partido comunista.
3. De nuevo de forma típica, el FN se promociona expresando las preocupaciones de los obreros defendiéndolos del capitalismo, por un lado, y de los rojos, por otro.

El FN está bien representado a nivel local.

De forma significativa, tiene influencia en la judicatura, las fuerzas armadas y la policía.

Marginalizó y absorbió otros grupos de derechas más pequeños (pero que no han cesado toda su actividad).

El FN es particularmente fuerte en Marsella y Perpiñán en el Sur de Francia donde tiene el 30% de los votos. Esta es una región con muchos antiguos colonos, los ***pieds noirs*** (pies negros), que escogieron volver de Argelia tras la independencia del país de Francia en 1962.

Los partidos conservadores tradicionales de derechas en el Sur también han hecho pactos electorales informales con el FN.

El auge del FN coincide con el racismo dirigido a los alrededor de 4 millones de inmigrantes. 3 millones de ellos provienen del Magreb en el Norte de África, algunos de los cuales (los *harkis*) colaboraron con las fuerzas francesas en Argelia.

Este estallido del racismo estuvo alimentado parcialmente por los recuerdos de la larga y sangrienta guerra colonial en Argelia*.

Pero otra razón fue la llegaba al mercado laboral de una segunda generación de inmigrantes en un momento de recesión y desempleo.

* En París el 21 de octubre de 1961, 200 argelinos que participaban en una manifestación pacífica contra las restricciones policiales fueron asesinados por la policía y sus cuerpos arrojados al Sena.

A los hijos de los inmigrantes se les achacaba que estaban agravando una crisis en el sistema educativo.

Existía un temor generalizado ante la amenaza de la «islamización» de la cultura francesa.

El prejuicio y la violencia contra los inmigrantes se vio acompañado por los ataques antisemitas y la profanación de los cementerios judíos. Una profanación de este tipo en 1990 tuvo como consecuencia la realización de una enorme marcha de protesta en París dirigida por el presidente de la República, François Mitterand.

El FN es típicamente fascista en su condena de la homosexualidad y del aborto, su apelación al orgullo nacional, a los «valores de la familia» y a su discurso sobre la «prioridad nacional» del pueblo francés: del cual, irónicamente, uno de cada tres es descendiente de inmigrantes que llegaron a Francia en los primeros cien años.

En 1984 el FN obtuvo 10 escaños en el Parlamento Europeo. En 1986 se aseguró 35 escaños en la Asamblea Nacional Francesa. En las elecciones presidenciales de 1988, el FN obtuvo más del 14% de los votos.

## La expansión del neofascismo

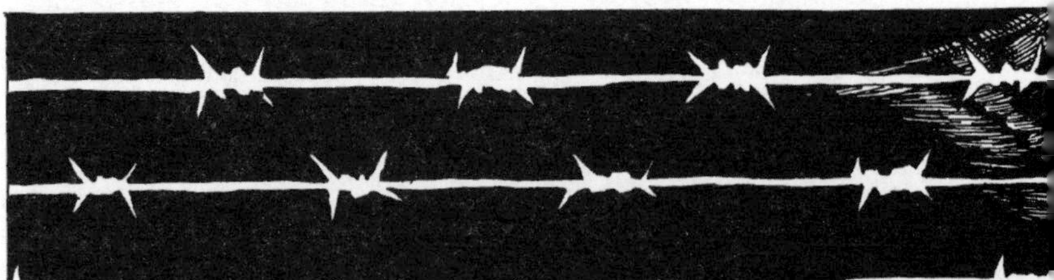

A una escala más pequeña, se pueden encontrar manifestaciones similares del pensamiento y actividad fascistas en Austria, en Bélgica y en los Países Bajos, en Dinamarca, en Suecia y en Noruega.

Lo que tienen en común es el auge de partidos que obtienen representación a nivel local y nacional sobre una plataforma de políticas racistas y antisemitas. Ejemplos de ello son el Partido de la Libertad de Austria (FPO), el Centro democrático (CD) en Holanda, el Vlaams Blok (bloque flamenco) y el Frente Nacional en Bélgica.

Junto con estos partidos legales existen otros grupos neonazis que emplean acciones directas: atentados contra cementerios judíos de Austria, atentados contra inmigrantes y personas en busca de asilo. En Dinamarca, la Liga nacionalsocialista defiende una purga de inmigrantes, la pena de muerte para cualquiera que contagie SIDA y la esterilización obligatoria en los niños adoptados de piel no blanca. Estas formaciones neonazis tienen vínculos por toda Europa con organizaciones similares en Alemania, Francia, España o Gran Bretaña. Tampoco deberíamos pasar por alto los vínculos internacionales con grupos ultranacionalistas y neonazis de los Estados Unidos.

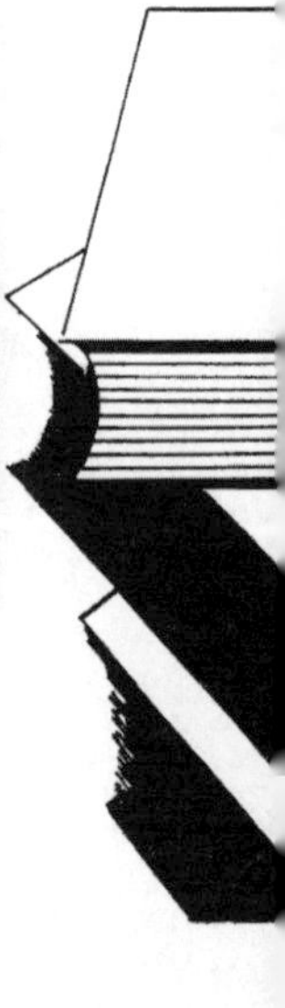

## ¿Existió realmente Hitler?

ESTE MITO DE LOS ASESINATOS DE JUDÍOS EN MASA EN LAS FACTORÍAS DE LA MUERTE DE AUSCHWITZ... QUE REALMENTE NUNCA TUVIERON LUGAR.

David Irving

Ninguna persona cuerda negaría la existencia de Hitler. Infinitos testigos oculares, fotos y una enorme documentación dejan la realidad de Hitler fuera de toda duda.

Y, sin embargo, hay neofascistas que negarían el hecho del Holocausto, que se basa precisamente en el mismo tipo de evidencia abrumadora: testigos oculares, fotos y documentación detallada.

Entre los académicos involucrados en esta «revisión» de la historia (intentando probar que el Holocausto o no tuvo lugar o ha sido enormemente exagerado), se encuentra de forma destacada el profesor Paul Rassinier en Francia y el historiador británico David Irving, que se describe a sí mismo como un «fascista moderado».

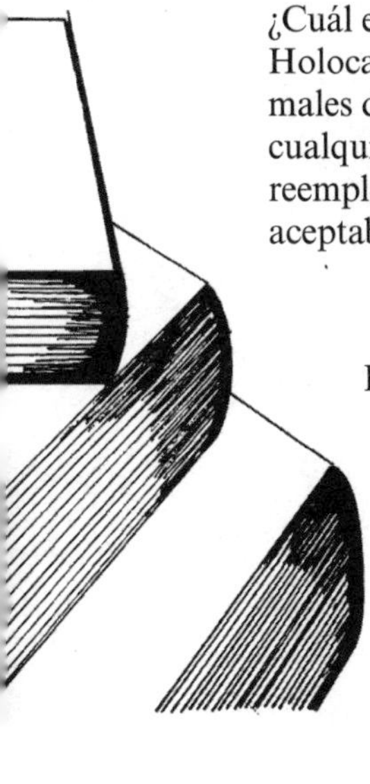

¿Cuál es la razón y el motivo para «refutar» el Holocausto? El objetivo es minimizar los asombrosos males del nazismo y, si es posible, absolver a Hitler de cualquier crimen contra la humanidad. El objeto es reemplazar al Hitler real con el mito de un líder aceptable.

El neofascismo busca hacerse a sí mismo **respetable**.

Las opiniones de Irving encuentran apoyo en la prensa neonazi dirigida por el Dr. Gerhard Frey, líder del **Deutsche Volksunion**, y sus libros son *best-sellers* en Alemania.

## La derecha respetable

Es peligrosamente engañoso pensar en la extrema derecha simplemente en términos de *hooligans skinheads* neonazis. Se pueden encontrar simpatizantes más importantes y más poderosos en la «sociedad respetable»: la judicatura, la policía, el ejército, las finanzas, la industria. La respetabilidad es también el objetivo de los académicos e intelectuales de la «nueva derecha».

Una expresión importante de esta nueva derecha es GRECE, el acrónimo en francés para el Grupo de Investigación y Estudios de la Civilización Europea (*Group of Research and Study for European Civilization*). Es importante darse cuenta de que GRECE en francés también significa «Grecia», considerada tradicionalmente como la cuna de la civilización occidental. Las publicaciones de GRECE recuerdan el mito de una raza europea, el paganismo, las figuras de culto como los vikingos. GRECE es radicalmente anti-igualitario y anti-humanista. Homenajea a pensadores como Pareto, cuya teoría de las élites sustenta gran parte del pensamiento fascista.
G.R.E.C.E

La nueva derecha intelectual no está solo activa en Francia, sino en Italia, Alemania, Gran Bretaña y en todas partes.

Este movimiento antiigualitario ha adoptado la biología social, la genética y la etología para aplicar conceptos de comportamiento animal a la sociedad humana, tales como «la manada» y «el macho dominante».

Los apologistas de la nueva derecha venden teorías «científicas» sobre la herencia de la inteligencia y sus vínculos con la raza.

En un artículo publicado en 1972 por la revista médica *Lancet* sugería que el «aumento de la prevalencia del retraso mental» exigía una «acción urgente». Puntos de vista como este están relacionados con el concepto de «higiene mental» y la medicina eugénica.

En Gran Bretaña, un defensor destacado de esta línea de pensamiento fue Sir Cyril Burt (1883-1971). Su obra sobre el coeficiente intelectual de los gemelos, enfocada a descartar la importancia de la cultura en el desarrollo de la inteligencia, está hoy día totalmente desacreditada. Era miembro de la Sociedad eugénica y fundador de MENSA, el grupo de alto coeficiente intelectual que cree en los principios de la eugenesia.

## Neofascismo: «¿los nuevos de hoy, desaparecidos mañana?

¿Deberíamos estar hablando de un **resurgimiento** del fasc o de su **continuidad**, o de una variedad nueva y descon de fascismo? ¿Es el neofascismo realmente «vino viejo en nue

Hemos ofrecido ejemplos de formaciones neofascistas que s multiplicado como setas en y desde la época de la Guerra ¿Todas estas (y otras más) se suman todas ellas a una amenaza **unitaria** de fasc

Ha habido también diferentes tiranías de derechas fuera de Europa en los últimos 50 años. Algunos ejemplos son los regímenes de *apartheid* en Sudáfrica, Indonesia bajo Suharto, Haití bajo «Papa Doc» Duval, Uganda bajo Idi Amin, Nicaragua bajo Somoza, Irán bajo el Shah y el ayatolá Jomeini, Iraq bajo Saddam Hussein. Eran o son ciertamente tiranías. ¿Pero son, estrictamente hablando, regímenes **fascistas**?

ondiciones sociales, económicas y políticas que sustentan (re)apariciones del fascismo son fluidas. Los grupos o dos neofascistas que han copado los titulares en los años 1980 e que sean ciertamente «nuevos de hoy y desaparecidos na». Tenemos que mirar más allá de estos fenómenos hacia ndiciones de base **persistentes** que puedan apoyar el fascismo go plazo.

1. Economías industrialmente avanzadas golpeadas fuertemente por desplomes recesivos.
2. Una alternativa de izquierda desacreditada.
3. Desencanto con un sistema parlamentario ineficiente o corrupto.
4. El fin del consenso político.
5. Racismo provocado por el «robo de puestos de trabajo» por parte de inmigrantes, refugiados y buscadores de asilo.
6. Una derecha respetable.
7. Nostalgia de un Estado fuerte. Este último apartado merece atención aparte.

## Nostalgia y desajuste

La nostalgia de Estados fuertes implica las dimensiones psicológicas de una «mentalidad nacionalista en estado de sitio».

1. Un sentimiento de pérdida de identidad o de prestigio nacional (por ejemplo, la pérdida del Imperio británico) compensada por el comportamiento patriotero y de tipo *hooligan*.

2. Dificultad por adaptarse a una sociedad en la que gran parte de los ciudadanos están en situación de desempleo y con bastante improbabilidad de conseguirlo: gracias a la dependencia económica de los gobiernos respecto de «el mercado» que agranda la brecha entre los ricos y los pobres y resulta en la creación de una «subclase», el eufemismo para la aludir a las personas que ha desechado «el mercado».

3. Incapacidad para admitir y llegar a acuerdos con las realidades actuales de sociedades y culturas multiétnicas.

4. Ceguera ante un mundo que se enfrenta a inmensos movimientos de poblaciones a medida que los pobres y los carentes de recursos abandonan países en los que se están expandiendo los desiertos, la hambruna es endémica y la vida intolerable. Los pobres de Europa del siglo XIX emigraron a América y al Imperio británico. La nueva ola de emigración será desde la miseria de África y Asia. Los gobiernos europeos están respondiendo a este problema endureciendo la legislación de inmigración y negando asilo a los refugiados políticos.

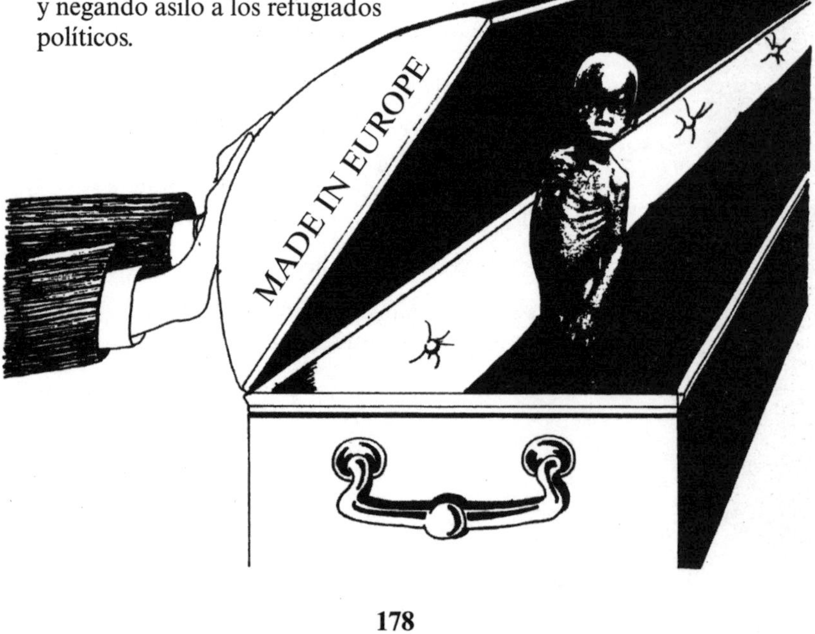

## Finalmente...

¿Cómo podemos reconocer si un grupo, partido o gobierno reúne los requisitos para poder decir si es fascista o no? Una forma de intentar una definición sería marcar las siguientes casillas:

Son sus objetivos principales:

- ☐ ¿Los sindicatos?
- ☐ ¿La izquierda?
- ☐ ¿La democracia parlamentaria?
- ☐ ¿Están apoyados por las clases medias?
- ☐ ¿Por trabajadores desilusionados?
- ☐ ¿Apelan a la juventud?
- ☐ ¿Confían en el apoyo del ejército y de la policía?
- ☐ ¿Son racistas?
- ☐ ¿Son extremadamente nacionalistas?
- ☐ ¿Corporativistas?
- ☐ ¿Están financiados por la industria o los propietarios?
- ☐ ¿Intentan limitar el papel de la mujer?
- ☐ ¿Son hostiles a la homosexualidad?
- ☐ ¿Se oponen al aborto?
- ☐ ¿Confían en un partido de masas?
- ☐ ¿Apelan a una historia mítica?
- ☐ ¿Usan el terrorismo contra sus oponentes?
- ☐ ¿Disfrutan de complicidad con las autoridades?
- ☐ ¿Exaltan al líder?

## ¿Qué hay que hacer?

Debemos recordar las propias palabras de Hitler en 1933.

«Solo una cosa podría haber detenido nuestro movimiento: si nuestros adversarios hubieran entendido sus principios y desde el primer día hubieran aplastado con la mayor brutalidad el núcleo de nuestro movimiento».

## Entonces, ¿cómo responder a la cuestión?

☐ ¿Compartes la opinión adoptada por la mayoría de los partidos políticos establecidos de que la ley es suficiente para lidiar con el fascismo?

☐ ¿Crees que la movilización de los oponentes al fascismo y la posible confrontación es la única táctica que respetan los fascistas?

Debes marcar la casilla apropiada.

## El fascismo - una actualización

Que las manifestaciones en las calles contra las tendencias fascistas pueden funcionar se demostró en Austria, cuando a principios del año 2000 la participación del partido ultranacionalista, Partido de la Libertad, en un gobierno de coalición de derechas condujo a grandes protestas públicas. El Partido de la Libertad estaba dirigido por Jörg Haider, que tenía un historial de nostalgia por Hitler combinado con xenofobia. Las manifestaciones condujeron a Haider a dimitir de su puesto como líder del partido y a la insistencia del jefe del Estado austriaco en que los partidos de la coalición deberían comprometerse a respetar los derechos humanos. Mientras tanto, la Unión Europea mostró su desaprobación al romper sus contactos con Austria, incluso a pesar de que esta era un miembro de la Unión. El auge del Partido de la Libertad bajo el liderazgo de Haider fue considerado como un aviso para el resto de Europa Occidental.

La carrera de Haider (su ascenso desde una familia con trasfondo nazi hasta ser gobernador de la provincia de Carintia) tiene que verse teniendo como contraste la historia política de posguerra de Austria. Los Aliados que la ocuparon en 1945 no hicieron ningún intento por llevar a cabo el tipo de programa de desnazificación que (por limitado y carente de minuciosidad) se aplicó en Alemania. En su lugar, aceptaron el mito de que Austria no era un socio del Tercer Reich de Hitler, sino una víctima del nazismo. Pero la filmación de la entrada de Hitler en Viena tras el *Anschluss* (anexión de Austria) en 1938, muestra que es vitoreado por enormes multitudes en éxtasis. Las imágenes de los judíos vieneses, humillados y forzados a fregar las calles rodeados de espectadores burlones confirman un antisemitismo atroz. Los nombres de los campos de concentración de Alemania son bien conocidos. Menos se ha oído de Mauthausen en Austria, donde había un campo de concentración famoso por su crueldad. Entre sus reclusos estaban soldados republicanos españoles, partisanos italianos, huelguistas italianos y prisioneros políticos. A Austria como sociedad se le consintió darse el gusto de tener amnesia por lo que respecta a su pasado nazi. Un ejemplo famoso fue el de Kurt Waldheim, que, en 1986, cuando era candidato a la presidencia de su país, mintió sobre su implicación en los crímenes de guerra cometidos por los nazis en los Balcanes, donde sirvió como oficial.

Este es el trasfondo político respecto del que Haider alcanzó el poder y encontró apoyo para su Partido de la Libertad. En 1991, afirmó en el Parlamento austríaco que Hitler había, al menos, perseguido una «política de empleo competente» que, debería haber añadido, combinaba obra de mano obligatoriamente reclutada y un impulso al rearme. Se dirigió a veteranos de guerra entre los que se encontraban exmiembros de las Waffen SS, y los describió como «gente decente». Eran, afirmaba, «modelos para las juventudes de nuestro tiempo». En sus declaraciones políticas alentaba la xenofobia dirigida contra refugiados e inmigrandes de los Balcanes y Europa del Este. Había declarado que su intención era reducir el número de niños inmigrantes en las aulas de Austria. Lo que alarmó con razón a los manifestantes de Viena fue el hecho de que su partido se había convertido en el segundo más numeroso de Austria. Aunque frente al desacuerdo popular Haider dimitió del liderazgo del partido, esto se consideró como un movimiento táctico. Aún era gobernador de Carintia, y no había duda de que continuaría desempeñando un papel importante en las políticas del partido. Su objetivo declarado era alcanzar la jefatura del Estado austriaco.

Encontró amigos en Italia, donde los políticos separatistas de derecha expresaron su acuerdo con sus políticas. En el Norte de Italia (especialmente en la provincia de Venezia Giulia, que es actualmente la parte más floreciente de la economía italiana) hay un racismo generalizado y declarado. Está dirigido contra los que se describen como «extracomunitarios». Estos incluyen no solo a gente de origen africano y Romas (gitanos), acusados de criminalidad a gran escala, sino también a inmigrantes de Europa del Este, Albania y la anterior Yugoslavia. En Treviso, el alcalde eliminó los asientos públicos en la plaza principal de la ciudad porque no le gustaba ver a negros sentados allí. En un país donde bajo Mussolini las políticas racistas encontraron poco apoyo, esta peligrosa xenofobia ha estado ganando terreno. La paradoja es que Italia, que tiene una ratio muy baja de crecimiento de la población, Venezia Giulia, hogar de Benetton, no sería tan próspera sin la ayuda de los inmigrantes, legales e ilegales, que realizan los trabajos que los italianos no están dispuestos a acometer.

Existen paralelismos a esta xenofobia en todas partes en Europa. En el Sur de España, los ataques a los inmigrantes del Norte de África han conducido a disturbios raciales, a pesar de que la industria rural en la que trabajan sufriría enormemente si su mano de obra no estuviera disponible. En Gran Bretaña, el idioma usado por la prensa local en Dover cuando escriben sobre inmigrantes ha mostrado que el racismo no es algo extraño al Reino Unido.

Continuará el movimiento de hombres y mujeres desde las partes de África y Europa más desfavorecidas hacia el Occidente más próspero. El problema es que, a diferencia de los Estados Unidos en los días de su gran ola de inmigración, Europa no tiene «territorio vacío» (tampoco lo tenían los EEUU, simplemente se barrió a los nativos americanos). Los inmigrantes competirán por trabajos (malpagados) y por asistencia social. En Europa Occidental, el sistema económico ha creado una subclase de ciudadanos desfavorecidos, muchos de ellos hombres en situación de desempleo. Existe un fondo de resentimiento que podría ser explotado por los políticos racistas. En el caso de que hubiera una recesión económica, existe el peligro de que puedan aprovechar para sus fines la violencia y patrioterismo de las multitudes ligadas al fútbol y la disposición de los vigilantes a tomarse la ley por su propia cuenta.

Hay evidencia inconfundible de que, en muchas partes de Europa, incluida Gran Bretaña, el racismo se ha extendido. En el pasado, el fascismo ha construido su grupo de seguidores basándose en temores racistas. No estamos necesariamente al borde de un resurgimiento fascista, pero tenemos todos los motivos para estar de nuevo en alerta contra él.

# Sugerencias para seguir leyendo

## Introducciones

Los siguientes libros proporcionan una buena base sobre los orígenes y auge del fascismo: Hannah Arendt, ***Los orígenes del totalitarismo*** (Alianza, Madrid, 2006) [*Origins of Totalitarianism*, Londres, 1958]. James Joll, ***Historia de Europa desde 1870*** (Alianza, Madrid, 1983) [*Europe since 1870,* Londres, 1990, 4.ª ed.]. S. J. Wolf (ed.), ***El fascismo europeo*** (Grijalbo, Barcelona, 1970) [*Fascism in Europe*, Londres, 1981].

Pueden encontrarse discusiones generales sobre la emergencia durante la posguerra del neofascismo en: Cheles, Ferguson y Wright (eds.), ***Neo-Fascism in Europe*** (Londres, 1991). R. Thurlow, ***Fascism in Britain*** (Londres, 1986), una historia que hay que tener presente.

Ensayos interesantes, pero más difíciles sobre el desarrollo de la crisis en Alemania Occidental en los años 1960: J. Habermas (ed.), ***Observations on «The Spiritual Situation of the Age»*** (MIT Press, 1987).

# La historia pasada del fascismo

## Italia

C. F. Delzell, ***Mussolini's Enemies: The Anti-Fascist Movement*** (Princeton, 1961). Paul Ginsborg, ***A History of Contemporary Italy*** (Londres, 1990). Gaetano Salvemini, ***Prelude to World War II*** (Londres, 1953). Elizabeth Wiskemann, ***La Europa de los dictadores*** (1919-1945) (Siglo XXI, Madrid, 1978). [*Europe of the Dictators,* Londres, 1966], y ***The Rome-Berlin Axis*** (Londres, 1966).

Sobre el auge del neofascismo, se puede consultar: Baranski y Lumley, ***Culture and Conflict in Post War Italy*** (Londres, 1990).

## Alemania

El relato clásico es el voluminoso libro de William L. Shirer, ***Auge y caída del Tercer Reich*** (Planeta, Barcelona, 2013) [*The Rise and Fall of the Third Reich,* Nueva York, 1960-61].

A. J. P. Taylor, ***Los orígenes de la Segunda Guerra Mundial*** (Wandervögel, Barcelona, 2016) [*The Origins of the Second World War*, Londres, 1961]. D. Peukert, ***Inside Nazi Germany*** (Londres, 1989), proporciona una buena visión desde dentro.

## España

Los dos relatos clásicos son: Gerald Brennan, ***El laberinto español*** (Planeta, Barcelona, 2017) [*The Spanish Labyrinth*, Londres, 1960], y Hugh Thomas, ***La Guerra Civil española*** (Debolsillo, Barcelona, 2018) [*The Spanish Civil War*, Londres, 1977].

También son útiles: A. Lloyd, ***Franco*** (Londres, 1970), y Paul Preston, ***La política de la venganza - El fascismo y el militarismo en la España del siglo xx***

(Península, Barcelona, 2020) [*The Politics of Revenge - Fascism and the Military in 20th Century Spain*, Londres, 1990].

### Japón

Para una breve introducción general, puede probarse con: Robert Storry, ***A History of Modern Japan*** (Penguin, 1987).

David Bergamini, ***Japan's Imperial Conspiracy*** (Londres, 1971), es una larga, fascinante y controvertida investigación del papel clave del Emperador como arquitecto de la expansión militar japonesa.

Jon Halliday, ***A Political History of Japanese Capitalism*** (Nueva York y Londres, 1975), un estudio social y económico iluminador sobre Japón desde el siglo XIX hasta la Segunda Guerra Mundial, la ocupación y la recuperación económica.

Ivan Morris, ***Nationalism and the Right Wing in Japan*** (Oxford University Press, 1960), un análisis importante de la ocupación y el resurgimiento de las organizaciones de extrema derecha en el Japón de posguerra.

## El Holocausto

La literatura sobre el Holocausto es enorme. Para una introducción útil a la historia del antisemitismo, véase: E. H. Flannery, ***The Anguish of the Jews*** (Nueva York y Londres, 1965). Norman Cohn, ***Warrant for Genocide*** (Penguin, 1970), traza el impacto de los falsos «protocolos de los sabios de Sion», sobre la propaganda nazi.

Zygmut Bauman, ***Modernidad y Holocausto*** (Sequitur, Madrid, 2010) [*Modernity and the Holocaust*, Londres, 1989], es estimulante y altamente recomendable.


| Stuart Hood | Litza Jansz |
| --- | --- |
| Escritor, novelista, traductor, cineasta de documentales, ex-ejecutivo de la *BBC*, ex-profesor de cine en el Royal College of Art. Miembro honorario del ANPI (Asociación Nacional de Partisanos Italianos), socialista impenitente. | Ilustradora, diseñadora, animadora, cineasta independiente que produce y dirige películas para *C4* y la *BBC*. Profesora de estudios sobre los medios de comunicación y animación. |



Gracias al **Museo Imperial de la Guerra**, a la **Biblioteca de Viena,** y por los útiles servicios facilitados por las bibliotecas locales de Camberwell.

Gracias en particular, a Norma por ofrecer su experiencia y apoyo a lo largo del proyecto.

Gracias a Natty, consejera de valor incalculable.

Composición tipográfica de Norma Spence.

# Índice de nombres y conceptos